_____ 님께
드립니다.

청소부가 된 어린 왕자

불행의 늪에서 행복을 건져 올리는 비밀

길퍼블리싱컴퍼니

굽은 것들이 만나면 새로운 길이 생깁니다.
세상의 모든 굽은 것들을 모아, 새로운 길을 제안하는 책을 만듭니다.

청소부가 된 어린 왕자

Season 1
별의 비밀

불행의 늪에서 행복을 건져 올리는 비밀

박이철 지음

길퍼블리싱 컴퍼니

프롤로그

이 책은 무단복제가 가능합니다.

이 책의 저작권이 '여러분'에게 있기 때문입니다.

저는 이 책에서 그동안 제가 만났던 수많은 사람들과 나눈 질문과 대답을 통해 깨달은 삶의 비밀을 이야기하려 합니다. 그러므로 저와 열린 마음으로 대화를 나누었던 여러분 모두가 바로 이 책의 저작권자입니다. 여러분에게 열린 마음으로 질문을 던졌던 것처럼, 이번에는 '어린 왕자'라는 존재를 빌어 독자 여러분께 같은 질문을 드리려고 합니다.

저는 혜각(지혜를 깨우는 수업을 부르는 말)을 하면서 수많은 사람들을 만났고, 그들에게 많은 것을 묻고 또 물었습니다. 원래 부족한 사람이었기에 더 많이 물어야 했습니다. 그러는 동안 얻게 된 많은 지혜를 공유하기 위해 또 많은 혜각을 해야 했습니다. 그 과정에서 만난 많은 분들이 저와의 만남 이후에 '삶이 바뀌었다'는 고백을 해주었습니다. 처음에는 제가 잘나서 그런 게 아닐까 생각했습니다. 하지만 이내 알게 되었죠. 마음을 열면 누구나 자신의 삶을 바꿀 수 있다는 사실을 말입니다.

그러던 어느 날, 제게 이런 말씀을 해주신 분이 있었습니다. "당신의 존재가 세상에 좀 더 알려져야 더 많은 사람들이 마음을 열 거예요."

저는 처음에 이 말이 매우 불편했습니다. 하지만 곧 그 말 속에 담긴 의미를 깨달았습니다. 온전한 지혜를 찾아가기 위해서는 자신을 드러내지 않는 삶을 추구하기보다 더 많은 사람들의 마음을 두드려야 한다는 사실을 인정하게 되었습니다. 그래서 그동안 깨달은 혜각의 내용을 가다듬고 어린 왕자라는 존재를 빌어 이 책을 출간합니다.

이 책을 쓰기까지 수많은 분들이 지혜를 빌려 주셨습니다. 제가 부족하다고 느낄 때마다 그 분들은 저를 채워줄 많은 지혜를 쏟아 내주셨습니다. 저는 그저 부지런히 그 지혜를 주워 담았을 뿐입니다. 그 모든 분들의 이름을 '여러분'이라는 표현에 차곡차곡 담았습니다.

이 책에 등장하는 어린 왕자는 생텍쥐페리의 어린 왕자처럼, 내가 어디에서 왔는지 알고 싶은 근본적인 갈망이 있는 존재이며 저 자신의 모습이자 또한 '여러분'이기도 합니다. 어린 왕자는 이 책에서 여러분에게 많은 질문을 던질 것입니다. 처음에는 낯선 질문 때문에 다소 불편함을 느낄지도 모릅니다. 하지만 질문에 스스로 하나씩 답해가다 보면, 어느새 마음속에서 빛나고 있는 별을 발견하는 놀라운 경험을 하게 될 겁니다. 이제 그 별의 비밀을 찾아 떠납니다. 마음을 열고 천천히 따라와 주세요.

Contents
차례

프롤로그   4

Part 1. 어린 왕자, 마음을 묻다

chapter 1. 이 세상에 온 이유   13

chapter 2. 질문의 힘을 묻다   33

chapter 3. 지혜를 묻다   39

chapter 4. 마음을 묻다   47

chapter 5. 생각을 묻다   59

chapter 6. 마음의 근원을 묻다   69

chapter 7. 몸과 마음의 관계를 풀다   81

chapter 8. 마음을 정하다   91

chapter 9. 마음에 들다   101

chapter 10. 마음을 먹다   107

chapter 11. 마음을 살찌우다   115

chapter 12. 마음의 양식을 몸에 주다   121

Part 2. 어린 왕자, 사랑을 묻다

chapter 13. 사랑의 가치를 깨닫다	131
chapter 14. 사랑의 이유를 묻다	143
chapter 15. 사랑의 파장을 알다	153
chapter 16. 자신을 사랑하는 법을 배우다	163
chapter 17. 남을 사랑하는 법을 배우다	171
chapter 18. 마음에 다다르는 길을 묻다	183
chapter 19. 신을 만나다	189
chapter 20. 진짜 자신을 찾다	201
chapter 21. 누구를 위한 사랑인지 깨닫다	213
chapter 22. 사랑의 능력을 보다	227
chapter 23. 삶의 비밀을 깨닫다	233

에필로그 240

Part 1.
어린 왕자, 마음을 묻다

사랑을 주려면
사랑이 생겨나야 줄 수 있는 것 같아.
그러니까,
내 자신에게 사랑이 생기지 않는다면
사랑을 줄 수 없는 거지.

Chapter 1.
이 세상에 온 이유

작은 나라에 어린 왕자가 살고 있었습니다.
호기심이 많은 어린 왕자는
만나는 사람들에게 늘 뭔가를 물었습니다.
그래서 사람들은 어린 왕자를 늘 피해 다니다시피 했습니다.

그러던 어느 날, 어린 왕자는
전쟁에 나갔다가 기억상실증에 걸린 병사를
길에서 우연히 만나게 되었습니다.

호기심 많은 어린 왕자는
병사의 허리띠에 새겨진 문양이 뭔지 궁금해서
그 병사에게 묻기 위해 다가갔습니다.
그런데 왕자가 묻기도 전에
병사가 먼저 물었습니다.

"꼬마야, 내가 누구니? 내가 여기 뭘 하러 왔지?"

어린 왕자는 당황했습니다.

지금까지 그 누구도 자신을
꼬마라고 부른 사람이 없었기 때문이었죠.

하지만 그보다는
너무나 평범한 그 질문을 듣고도
어떤 답도 선뜻 할 수 없다는 사실이 더 놀라웠습니다.

아무런 대답도 하지 못하고
자신의 방으로 돌아온 어린 왕자는
고개를 갸우뚱거리면서
거울을 향해 혼잣말을 해보았습니다.

"나는 누구지?
어디서 온 거지?
나는 무엇을 하러 여기에 왔지?"

어린 왕자는 시장에 나가 상점 주인에게
자신이 누구인지 물어 보았습니다.
"저기, 혹시 당신은 내가 누구인지 아는가?"

상점 주인은 어린 왕자를 보고
화들짝 놀라 고개를 숙이며 말했습니다.
"아니, 왕자님, 이 세상에서
왕자님을 모르는 사람이 누가 있겠어요?"

"아니, 내 말은 내가 왕자가 아니라면,
나는 누구냐는 거지?"

상점 주인은 고개를 갸우뚱거리면서 말했습니다.
"왕자님이 왕자님이 아니라면, 그냥 어린 소년에 불과하겠죠?
그런 질문이라면 의사 선생님에게 물어보는 게 어떨까요?
그 의사 선생님은 모든 것을 알고 있어요."

어린 왕자는 상점 주인의 말에 따라,
병원에 가서 의사 선생님을 만나게 되었습니다.

어린 왕자는 의사에게 물었습니다.
"의사 선생, 당신은 어디서 왔는가?"

의사 선생님이 대답했습니다.
"네, 저는 집에서 왔지요."

"아니, 그런 의미가 아니라,
이 세상에 오기 전에 어디에 있다가 왔냐는 걸 묻는 거야."

"하하, 글쎄요, 그걸 아는 사람이 세상에 어디 있을까요?"

"그럼, 선생도 나처럼 어디서 왔는지
모르기는 매 한가지군?"

의사 선생님은 조금 얼떨떨한 표정으로 대답했습니다.
"말을 듣고 보니 그렇군요."

어린 왕자는 의사 선생님에게 물었습니다.
"내가 어디서 왔는지 아는 사람이 세상에 어디 있을까?
그래야 내가 누구인지 물어볼 텐데 말이야."

의사 선생님은 어린 왕자가 하는 질문이
그저 평범한 질문이 아니라는 것을 알아차렸습니다.
"글쎄요……. 왕자님이 어디서 왔는지 아는 사람일지는 모르지만, 우리나라에서 가장 존경받는 선생님이 한 분 계시니, 그분을 찾아가서 여쭤 보면 어떨까요?"

어린 왕자는 나라에서 가장 존경받는다는
선생님을 찾아갔습니다.
"선생, 선생은 우리나라에서 가장 존경받는 사람이라 들었어. 나는 어디에서 왔는지, 내가 정말 누구인지 알고 싶어서 왔어."

선생님은 어린 왕자를 물끄러미 쳐다보다가 말했습니다.
"우리가 세상에 태어나기 전에는 모든 걸 알고 있지만,
세상에 태어난 후에는 다 잊어버리게 되지요.

그래서 아무것도 기억할 수 없지요."

"왜 다 잊어버리는 거지?"

선생님은 다시 대답했습니다.
"그걸 기억하면 빨리 돌아가고 싶어 할까 봐 그런 게 아닐까요? 그렇게 생각만 할 뿐, 저도 잘 모릅니다.
하지만 이런 방법은 어떨까요? 왕자님께서 사람들에게
이 세상에 왜 왔는지 물어보시는 거죠.
그러면 우리가 온 곳에 대해서 좀 더 알 수 있지 않을까요?
우리 각자는 잘 모르지만, 많은 사람들의 지혜를 모으면
뭔가 찾아내게 될지도 모르잖아요?"

어린 왕자는 고개를 끄덕이며 집을 나왔습니다.

어린 왕자는 지나가던 목수를 만났습니다.
"목수, 당신은 이 세상에 왜 왔는지 아는가?"

목수는 말했습니다.
"저는 목수를 하려고 왔지요."

어린 왕자는 장사꾼을 만나서 똑같이 물었습니다.
장사꾼은 이렇게 대답했습니다.
"네, 저는 장사를 하려고 왔지요."

어린 왕자는 어부를 만나 또 똑같은 질문을 했습니다.
어부는 "네, 저는 고기를 잡으려고 왔지요" 하고 말했습니다.

어린 왕자는 농부에게 물었습니다.
농부의 대답은 이랬습니다.
"네, 저는 농사를 지으려고 왔지요."

어린 왕자는 수도승을 만났습니다.
수도승은 이렇게 답했습니다.

"네, 저는 수도 생활을 통해
어떻게 세상을 살아가야 하는지 알기 위해서 왔답니다."

어린 왕자는 다시 선생님을 찾아갔습니다.
"선생, 모든 사람들이 저마다 이 세상에 온 이유가 다 달라.
이렇게 해서는 우리가 어디서 왔는지 알 길이 없어.
다 다른 곳에서 온 걸까?"

선생님은 한참 생각한 끝에 말했습니다.
"왕자님이 만난 사람들에게
삶의 진정한 목적에 대해 물어보시면 어떨까요?
삶의 진정한 목적을 묻는다면,
이 세상에 온 이유를 좀 더 잘 설명할 수 있지 않을까요?"

어린 왕자는 고개를 끄덕이고 다시 사람들과 만났습니다.

어린 왕자는 목수에게 다시 물었습니다.
"그렇다면 당신 삶의 목적은 뭔가? 삶의 진정한 목적."

목수는 잠시 생각을 하다가 대답했습니다.
"음, 한 번도 생각해 보지는 않았지만, 왕자님께서 물으시니 대답하자면 아마도 제 삶의 진정한 목적은 목수로 일하며 다른 사람들의 집을 지어주고, 그들을 행복하게 해서 번 돈으로 제 가족들을 행복하게 하는 게 아닐까 싶네요."

"그럼, 당신 삶의 진정한 목적은 행복이군?"

"그렇지요. 그런 거 같네요."

어린 왕자는 장사꾼을 다시 찾아갔습니다.
그리고 똑같이 물었습니다.
"그렇다면 당신 삶의 목적은 뭔가? 삶의 진정한 목적."

장사꾼도 잠시 생각하다가 대답을 했습니다.
"음, 어려운 질문이네요. 저는 좋은 물건을 사람들에게 팔고, 그들이 그것을 유용하게 사용하면 행복합니다. 그렇다면 그렇게 번 돈으로 제 주위 사람들이 행복하게 살도록 도와주는 것이 제 삶의 진정한 목적이 아닐까요?"

"그럼 당신 삶의 진정한 목적은 행복이군?"

"그렇습니다. 그런 거 같네요."

어린 왕자는 어부와 농부, 그리고 수도승을 차례로 찾아갔고, 그들 모두가 똑같이 답하는 것을 들으며 놀랐습니다.

어린 왕자는 선생님께 뛰어와 말했습니다.
"선생, 정말 신기해. 모든 사람들이 똑같이 삶의 진정한 목적이 행복이라고 말하고 있어."

선생님은 고개를 끄덕이며 말했습니다.
"그렇군요. 그렇다면 언제 행복했다고 이야기하던가요?"

"구체적이지는 않지만, 그들 모두 다른 사람들이 행복할 때 행복하다고 했어."

선생님은 인자한 눈으로 말했습니다.
"그들에게 언제 가장 행복했는지를 한번 물어보시지 그러세요. 그러면 더 확실해지지 않을까요?"

어린 왕자는 다시 그들에게 언제 가장 행복했는지 물었습니다.

목수가 말했습니다.
"내 아들이 세상에 태어나서 날 보고 웃어줄 때였지요."

장사꾼이 말했습니다.
"제 손자가 걸음마 할 때지요."

어부가 말했습니다.
"아내하고 처음 만났을 때지요."

농부가 말했습니다.
"먼 길을 떠났던 자식이 무사히 돌아왔을 때지요."

수도승이 말했습니다.
"부모님의 편지를 받을 때였지요."

어린 왕자는 선생님께 와서 그들에게서 들은 행복했던 이야기들을 들려주었습니다.

선생님이 물었습니다.
"그들의 답이 다 다르네요. 그렇지 않습니까?"

어린 왕자가 대답했습니다.
"다르긴 다른데, 뭔가 같아."

"그래요? 같은 게 뭘까요?"

선생님의 물음에 어린 왕자는 곰곰이 생각하다가 대답했습니다.
"다들 사랑할 때를 이야기하는 거 같아."

선생님은 흐뭇해하며 말했습니다.
"그래요. 정말 그렇군요. 사랑할 때 사람들은 행복해 하는군요. 그렇다면 그들이 이 세상에 온 이유는 하나군요?"

어린 왕자가 대답했습니다.

"그래. 우리 모두는 사랑하면서
행복하게 살기 위해서 이 세상에 온 거야."

왕자가 다시 선생님에게 물었습니다.
"그런데 선생, 사랑은 줄 때가 있고, 받을 때가 있는 것 같아.
사람들은 언제 더 행복할까?"

선생님은 잠깐 생각을 하다가 말했습니다.
"아무래도 사랑을 받을 때 더 행복하지 않을까요?"

어린 왕자가 의구심에 찬 눈빛으로 고개를 끄덕였습니다.
"그렇겠지? 누구나 사랑받는 것을 좋아하니까.
그런데 선생, 선생은 자식이 있나?"

선생님은 대답했습니다.
"그럼요, 다섯이나 있습니다."

어린 왕자는 질문을 이어 갔습니다.
"그럼, 선생은 부모님도 있겠지?"

"그럼요."

"그럼, 부모로부터 아무 조건 없이 사랑받을 때가 행복했을까, 아니면 아무 조건 없이 사랑을 줄 때가 더 행복했을까?"

선생님은 잠시 생각에 잠겼다가 대답했습니다.
"자식에게 사랑을 줄 때 더 행복했던 거 같은데요.
거 참 이상하네요."

어린 왕자는 선생님에게 다시 말했습니다.
"다른 사람들도 그런지 내가 한번 물어보고 와야겠어."
어린 왕자는 호기심에 찬 눈으로 밖으로 나갔습니다.

며칠이 지난 후에야, 선생님 앞에 온 어린 왕자는 의기양양하게 말했습니다.
"선생, 내가 수많은 사람들을 만나서 물어봤어. 다들 반반

이었어. 사랑을 받을 때 행복하다는 사람, 그리고 사랑을 줄 때 행복하다는 사람. 그런데 내가 선생에게 했던 것처럼 질문을 바꾸자, 사랑을 받을 때 행복하다고 이야기하던 사람들이 모두 생각을 바꾸는 거야. 신기하게도 말이지. 다들 다 아는 것 같지만, 자신이 어떤 때 진정으로 행복한지도 모르고 있었어."

선생님이 말을 받았습니다.
"네, 왕자님, 저도 왕자님의 말씀을 듣고 곰곰이 생각해 보니 제 자신도 아직 모르고 있다는 생각이 들었어요. 그런데 왕자님, 왜 사랑을 줄 때 행복한 걸까요? 사랑을 받을 때는 없던 것들이 생기기도 하는데 말입니다. 사랑을 줄 때는 자신의 것을 내줘야 하는데, 사람들이 사랑을 주는 것을 더 행복하다고 느낀다니 그건 정말 이상한 것 같아요. 도대체 왜 사랑을 줄 때 더 행복한 걸까요?"

어린 왕자는 곰곰이 생각하다가 말을 이었습니다.
"글쎄, 내가 해야 할 질문인 거 같은데, 선생이 나에게 물어보니까 문득 생각나는 게 하나 있긴 해. 나는 어려서부터 팬케이크를 정말 좋아했지. 한번은 한밤중에 팬케이크가 너무 먹고 싶었어. 그런데 시중드는 사람들이 모두 잠든 거야. 나는 팬케이크가 너무 먹고 싶어서 어마마마에게 갔지. 어마마마는 막 잠에 드시려던 참이었는데 내 말을 들으시고는 사랑스런 눈빛으로 나를 안아주셨어. 그러고는 손수 부엌으로 가셨지. 물론 나를 안고 말이야. 그러고는 나에게 손수 팬케이크를 만들어 주셨어. 나는 그때 어마마마와 함께 먹은 그 팬케이크를 지금도, 그리고 앞으로도 잊을 수 없을 거야."

선생님은 고개를 갸우뚱거리며 말했습니다.
"그런데 왕자님, 그것과 사랑을 주면 행복해지는 이유가 무슨 관계가 있나요?"

어린 왕자는 눈을 반짝이며 말했습니다.
"바로 그거야! 선생. 사랑을 주기 위해서는 사랑이 생겨나야 해. 그러니까 자신에게 사랑이 생기지 않는다면, 사랑을 줄 수 없는 거지. 팬케이크도 원래 있었던 것이 아니잖아. 사랑이 만들어낸 거지."

선생님이 고개를 끄덕이며 말했습니다.
"정말 그렇군요. 자신에게 사랑이 없는데 어떻게 나눌 수가 있겠어요. 사랑이 있어야 사랑을 나눠줄 수 있는 거죠. 그러니까 사랑을 주기 위해서는 먼저 사랑이 자기 안에 생겨날 수밖에 없기 때문에 행복해지는 거군요."

Chapter 2.
질문의 힘을 묻다

선생님은 기특하다는 표정으로 어린 왕자에게 물었습니다.
"그런데, 그들은 어떻게 그런 답을 할 수 있었을까요?"

"무슨 말인지 모르겠어."

"음, 그러니까요. 그들은 아마도 자신의 행복했던 순간을 찾아내기 위해서 인생을 돌아보았을 텐데, 어떻게 짧은 시간 동안 자신의 삶을 돌아보고 행복했던 기억을 찾아낼 수 있었을까요?"

어린 왕자는 잠깐 생각하다가 대답했습니다.
"그야, 내가 물었으니까 대답을 했겠지."

선생님은 다시 물었습니다.
"그래요, 그렇군요. 질문은 무슨 힘을 가졌기에 사람들로 하여금 그 짧은 시간 내에 자신의 삶을 돌아보고 지혜를 모으게 하는 걸까요?"

"그건……."

어린 왕자가 대답하려 할 때, 선생님이 말을 가로막고 말했습니다.
"다시 그들에게 물어보면 어떨까요?"

어린 왕자는 고개를 끄덕이며, 집을 나섰습니다.

어린 왕자는 먼저 목수를 찾아가서 물었습니다.
"질문은 무슨 힘을 가졌기에 인생을 돌아보고 행복한 기억을 찾아 헤매게 만들까?"

목수는 곰곰이 생각하며 말했습니다.
"글쎄요. 그렇게 물으시니 뭐라고 답해야 할지 모르겠네요."

어린 왕자가 말했습니다.
"질문은 대답도 하지 못할 정도로
깊이 생각하게 하는 힘을 가졌군."

목수가 말했습니다.
"그러네요. 왕자님이 그렇게 이야기하시니, 정말 그렇군요."

어린 왕자는 장사꾼을 찾아가서 똑같이 물었습니다.

장사꾼은 곰곰이 생각하다가 이렇게 말했습니다.
"질문은 답을 말하게 하는 힘을 가진 것 같아요."

어린 왕자가 말했습니다.
"질문은 깊이 생각해서
답을 찾게 하는 힘을 가졌군."

어린 왕자는 어부를 찾아가서 똑같이 물었습니다.

어부는 곰곰이 생각하다가 이렇게 말했습니다.
"질문은 여러 생각들 중에서 가장 현명한 생각을 찾아내게 하는 것 같아요."

어린 왕자가 말했습니다.
"질문은 깊이 생각해서
가장 현명한 답을 찾아내게 하는 힘을 가졌군."

어린 왕자는 농부를 찾아가서 똑같이 물었습니다.

농부가 대답했습니다.
"질문은 논에 물을 대기 위한 길을 내는 것처럼 생각의 길을 내는 것 같아요."

어린 왕자가 말했습니다.
"질문은 생각의 문을 열고 깊이 들어가
현명한 답을 찾아내는 힘을 가졌군."

어린 왕자는 수도승을 찾아가서 똑같이 물었습니다.

수도승이 대답했습니다.
"질문은 수도하는 장소처럼 조용하게 만드는 것 같아요."

어린 왕자가 말했습니다.
"질문은 생각의 문을 열어 깊은 곳에서
조용히 현명한 답을 찾아내게 하는 힘을 가졌군."

어린 왕자는 선생님을 찾아갔습니다.
"내가 만났던 사람들에게 당신이 말한 것처럼 질문의 힘을 물었어. 그들의 대답은 모두 지혜로웠어. 그들의 답을 모았더니, **질문은 생각의 문을 열어 깊은 곳에서 조용히 현명한 답을 찾아내게 하는 힘을 가졌다**는 것을 알게 되었어."

선생님은 말했습니다.
"왕자님, 정말 지혜로우십니다. 왕자님께서 그들에게 지혜롭게 물으니 그들도 지혜롭게 답하였던 거지요. 그리고 왕자님은 그들의 지혜를 모아 더 큰 지혜를 만들어 내셨어요. 이것은 아무나 할 수 있는 일이 아니지요."

선생님의 칭찬에 어린 왕자는 고개를 갸우뚱거리며 생각했습니다.
'정말 내가 지혜로운 것일까?'

Chapter 3.
지혜를 묻다

어린 왕자는 자신이 지혜로운 질문을 했기 때문에 그들이 지혜로운 답을 했는지, 아니면 그들이 원래 지혜로운 것인지 몹시 궁금했습니다.
곰곰이 생각에 잠겨 길을 걷고 있을 때, 상점 앞에 아이들이 모여 있는 것을 보았습니다.

상점에서는 주인이 아이들에게 사탕을 나눠주고 있었습니다. 속이 훤히 비치는 통 안에는 각양각색의 사탕들이 들어 있었습니다. 아이들은 저마다 상점 주인이 꺼내 주는 사탕을 받아들고는 입에 넣었습니다.

어린 왕자는 가장 아래쪽에 있던 별 모양의 황금색 사탕이 탐이 났습니다. 그래서 상점 주인에게 말했습니다.
"주인장, 나는 맨 아래에 있는 별 모양의 황금색 사탕이 먹고 싶어. 그걸 나에게 줄 수 있어?"

상점 주인은 그가 어린 왕자인 것을 눈치채고는 허리를 굽히며 말했습니다.
"아이고, 그럼요."

상점 주인은 어렵게 맨 아래에 있는 별 모양의 황금색 사탕을 꺼내서 어린 왕자에게 주었습니다. 어린 왕자는 사탕을 입에 물고 있다가 뭔가를 깨달은 표정으로 선생님의 집으로 뛰어 갔습니다.

"선생, 선생!"
큰 소리로 선생님을 부른 어린 왕자는 말을 이었습니다.
"선생이 틀렸어, 내가 지혜로운 게 아니고, 이미 그들에겐 지혜가 있었어."

선생님은 어리둥절해서 어린 왕자에게 말했습니다.
"그게 무슨 말씀인가요? 왕자님께서 지혜롭게 묻지 않았다면, 그들은 절대로 지혜로운 답을 하지 않았을 겁니다."

"맞아, 그들에게 지혜가 없었다면, 내가 아무리 지혜롭게 물어도 지혜를 꺼내줄 수는 없었겠지. 하지만 그들에게는 이미 지혜가 있었어. 그들에게 지혜롭게 묻지 않으니까 아무거나 꺼내 주는 거라고. 이걸 봐. 내가 길가에서 상점 주인에게 이 큰 별 모양의 황금색 사탕을 꺼내 달라고 하니까, 그는 맨 아래에 있는 이 사탕을 나에게 줬어. 만약 이 사탕이 없었다면, 이걸 나한테 줄 수 있었겠어? 있었기 때문에 줄 수 있는 거야. 하지만 아무도 그걸 달라고 하지 않으니까 주지 않는 거지. 지혜를 물으면, 모두가 지혜를 답하지. 그건 이미 그들에게 지혜가 있기 때문이야."

선생님은 어린 왕자를 존경의 눈빛으로 바라보며 말했습니다.
"왕자님, 정말 그렇군요.
왕자님은 정말 지혜로운 분이십니다."

"아니야, 선생이 없었다면, 도무지 알 수 없었던 것을
벌써 두 가지나 배웠어. 이제 진짜로 나의 스승이 되어줘.
이제 스승님이라고 부를게. 아니, 부를게요."

선생님은 극구 사양했지만, 어린 왕자가 무릎을 꿇고 청하는 것에 감복하여 어린 왕자의 스승이 되기로 하였습니다.

어린 왕자는 스승님께 다시 물었습니다.
"스승님. 사람들은 사랑을 주면서 행복하게 살기 위해 열심

히 살고 있고 지혜롭기까지 한데, 왜 사랑하지 않고 불행하게 살면서 지혜를 사용하지 않는 걸까요?"

스승님은 말했습니다.
"왕자님, 사랑을 하면 어떻게 되나요?"

"음. 내가 누군가를 사랑해 주면, 누군가는 나를 사랑해 주고, 나는 그 누군가를 더 사랑하게 되고, 그 누군가는 나를 더 사랑하게 되고, 계속 그렇게 서로 사랑하면서 사랑이 점점 커지겠지요."

"그럼 결국 어떻게 되나요?"

"그럼 결국 행복해지겠죠."

"그렇지요? 사랑하면 그 사랑은 더 커지고,
행복도 더 커지지요."

"그러니까, 제 말이 그거에요. 그렇게 되는 게 너무나 당연하고 사람들도 다 아는데, 왜 사랑을 하지 않는 거죠?"

스승님은 물었습니다.
"왕자님, 정말 사랑하면 당연히 행복해지는데, 짜증나고 화나는 일이 우리에겐 너무 많이 일어나죠. 그런데 화를 내고 짜증을 내면 어떻게 되나요?"

어린 왕자가 대답했습니다.
"그야 화를 내면 화를 받는 사람들은 마음을 다치고, 다시 화가 나죠. 그래서 그 화가 처음에 화를 냈던 사람에게 돌아가게 되죠."

"그래서요?"
스승님은 다시 물었습니다.

"그러면, 화가 나니까 불행해지겠죠."

어린 왕자의 대답을 미소로 지켜보던 스승님은 다시 말을 이어갔습니다.

"화를 내면 불행해지는 것은 누구나 아는 사실일 것 같네요. 그런데 왜 화를 내는 걸까요? 화를 내면 불행해지는 것은 누구나 당연히 아는 사실인데 말이에요?"

어린 왕자는 고개를 갸우뚱거리며 대답하지 못했습니다.

스승님이 어린 왕자에게 더 가까이 다가가 물었습니다.
"왕자님께서는 언제 화가 났었나요?"

"네. 어마마마가 동생을 더 사랑하는 것 같다는 생각이 들었을 때, 저는 몹시 화가 났어요."

"어마마마가 어떻게 하면, 왕자님은 화가 나지 않았을까요?"

"어마마마가 나를 더 사랑해줬다면 화가 나지 않았겠지요."

"그럼, 왕자님께서 정말 화가 난 이유는 뭘까요?"

어린 왕자는 뭔가를 알았다는 듯 의미 있는 표정을 짓고 말했습니다.

"사랑받고 싶어서 화가 났었네요. 맞아요, 바로 그거였어요. 사랑받고 싶어서 화나고 짜증나고 그랬던 거예요. 그러니까 우리는 행복하고 싶어서 불행을 선택했던 거예요. 바보처럼."

"그렇죠? 사랑받고 싶으면 사랑해야 하는데, 사랑받고 싶어서 화를 내고, 화가 나면 사랑과는 점점 멀어지죠."

"맞아요. 행복하려면 사랑해야 하는데, 사랑을 받아야 행복하다는 생각 때문에 우리는 화나고, 짜증이 났던 거예요. 그러면, 사랑을 선택할 수 있는 방법은 없을까요?"

"글쎄요. 어떻게 하면 사랑을 선택할 수 있을까요?"

"글쎄요. 더 깊이 들어가 봐야 할 거 같아요."

"네, 왕자님. 사람들에게 물어보세요.
왕자님도 아시다시피 그들은 이미 지혜롭잖아요."

Chapter 4.
마음을 묻다

왕자는 다시 거리로 나갔습니다.
왕자는 거리에서 요란한 소리를 듣게 되었습니다.
무슨 일인가 궁금했던 왕자는 소리가 나는 쪽으로 가보았습니다.

그곳에는 대낮부터 술을 먹고 행패를 부리는 젊은이와 술집 주인, 그리고 그 젊은이의 엄마로 보이는 사람이 있었습니다.

술집 주인이 젊은이에게 말했습니다.
"아니, 술을 먹으려면 곱게 먹어야지. 사람들에게 시비나 걸고, 당신 맘대로 그렇게 행동해서 장사를 망쳐놔야 좋겠어?"

젊은이가 술집 주인에게 뭔가 따지려고 하자, 엄마가 막고 나섰습니다.
"죄송해요. 제가 다 변상해드릴 테니 용서해 주세요. 이 아이가 원래 그런 애가 아닌데, 자기가 원하는 일이 맘대로 안 되니까 속이 많이 상했나 봐요. 한 번만 용서해 주세요."

"아니, 그렇다고 대낮부터 술을 이렇게 퍼먹으면, 맘대로 뭐가 된답니까? 나참······."

소란은 이내 잠잠해졌고, 엄마는 아들을 데리고 집으로 쓸쓸히 돌아갔습니다.

어린 왕자는 술집 주인에게 다가가서 물었습니다.
"주인장, 주인장이 이야기한 두 가지 마음 말이야.
그 젊은이가 술을 먹고 행패를 부리는 마음과,
그것 때문에 그 젊은이 마음대로 안 되는 마음,
그 두 가지 마음은 서로 어떻게 다른 건가?"

왕자의 갑작스런 물음에 주인장은 흠칫 놀랐지만,
예를 갖추고 말했습니다.
"네, 왕자님. 제가 그걸 어찌 알겠습니까?"

왕자는 다시 물었습니다.
"주인장 입으로 그렇게 말하지 않았나,
맘대로 하면 맘대로 되지 않는다고,
처음의 마음과 나중의 마음은 뭐가 다른가?

내 질문은 이거야."

주인장은 곰곰이 생각을 하다가 대답했습니다.
"처음 마음은 화내는 마음이고, 나중의 마음은 바른 마음인거 같습니다."

"그렇군. 그럼 마음은 참 이상한 거군. 바른 마음이 있고, 화내는 마음이 있는데 모두 그냥 마음이라고 부르는군. 마음은 변덕쟁이인가 보구먼?"

어린 왕자의 독백 같은 말에 주인장이 맞장구를 쳤습니다.
"그럼요. 마음은 늘 이랬다 저랬다 하는 거죠. 하루에도 수십 번 그렇죠. 자식 놈도 어떤 때는 이뻤다가 어떤 때는 미웠다가 그러지 않습니까?"

"그래……"
어린 왕자는 말끝을 흐리며 조금 전의 모자를 뒤따라갔습니다.

어린 왕자는 모자의 집에 들어가 그 엄마에게 술집 주인에게 물었던 것과 똑같은 질문을 했습니다. 그 엄마는 어린 왕자의 질문에 당황했지만, 예를 갖춰 답했습니다.
"네, 왕자님, 제가 그런 걸 어떻게 알겠습니까? 그저 제가 아는 건 마음처럼 마음대로 안 되는 것도 없더라는 거죠."

어린 왕자는 다시 물었습니다.
"그러니까, 그 앞의 마음과 뒤의 마음은 어떻게 다르다고 생각해?"

잠깐 생각한 끝에 여자는 말했습니다.
"앞의 마음은 술을 먹었을 때의 마음이고, 뒤의 마음은 술을 먹지 않았을 때의 마음인 것 같습니다."

어린 왕자는 눈을 반짝이며 말했습니다.
"그래, 그거구나. 처음의 마음은 진짜 마음이 아닌 거지. 술을 먹어서 변한 것이고 진짜 마음은 정신이 온전할 때의 마음인 거야. 고마워."

여자는 영문도 모르고 절을 했고, 어린 왕자는 기쁜 마음에 스승님께 돌아왔습니다.

스승님께 돌아온 어린 왕자는 신이 나서 밖에서 있었던 일을 말하고 나서 이렇게 말했습니다.
"스승님, 마음은 진짜 마음과 가짜 마음이 있어요. 진짜 마음은 변하지 않고 한결같으면서, 늘 지혜롭고 현명하지요. 그런데 가짜 마음은 늘 변하고 화나고, 짜증나는 그런 마음이에요."

스승님은 대견한 듯이 말했습니다.
"왕자님, 정말 대단한 발견을 하셨네요. 왕자님 말씀이 맞는 것 같아요. 지난번 왕자님과 이야기한 것을 지금 말씀하신 것과 연결해 본다면 어떻게 될까요?"

"아, 정말 그러네요. 그러니까 진짜 마음은 사랑하는 마음이고, 가짜 마음은 사랑받고 싶어서 변질된 마음이네요. 하지만 사랑받고 싶어서 짜증이 나고 화가 나고 하는 것들을 가짜 마음이라고 할 수는 없을 것 같은데요?"

"왕자님, 정말 그렇군요. 왕자님께서 말씀하신 진짜 마음은 지혜로운 마음이네요. 그리고 가짜 마음은 잘못된 판단을 하고 있는 마음이네요."

어린 왕자는 곰곰이 생각하다가 대답했습니다.
"그럼, 지혜로운 마음과 감정의 마음이라고 하면 어떨까요. 감정의 마음은 그저 사랑받고 싶은 마음 때문에 늘 잘못된 판단을 하게 되는데, 이것은 감정적으로 반응하는 경우가 많아서 그런 것 같아요."

스승님은 고개만 끄덕였습니다.

어린 왕자가 말을 이어갔습니다.
"그런데, 스승님. 제가 아주 재미있는 것을 발견했어요."

스승님은 궁금한 표정으로 어린 왕자에게 물었습니다.
"그게 뭔데요?"

어린 왕자는 흥미로운 얼굴로 스승님께 말했습니다.

"마음은 거울 같아요. 누군가 화를 내면, 그 화를 받는 사람의 마음도 화난 얼굴로 바뀌는 것 같아요. 그래서 이내 화를 내고 말지요."

"그것 참 재미있는 말씀이네요. 계속해 보세요."

스승님은 호기심에 가득 찬 표정으로 어린 왕자의 말에 귀를 기울였습니다.
"제가 오늘 만났던 젊은 사람과 술집 주인이 그랬어요. 젊은 사람이 술을 먹고 화를 내자 술집 주인도 덩달아서 화를 내는 거예요. 마치 두 사람은 거울을 마주 보고 있는 것 같았어요. 물론 나중에는 누가 거울이고, 누가 거울이 아닌지 알기 힘들었지만요."

스승님이 말했습니다.
"거울이라는 표현이 정말 재미있는 것 같네요. 왕자님. 거울은 거울에 비치는 사람을 따라하죠. 자신이 먼저 어떤 행동을 하지는 않죠, 그런 면에서 보면, 거울이 된다는 것은 자신을 잃고, 상대방에게 종속되는 것을 의미하는 것 같아요."

어린 왕자가 눈을 크게 뜨고 말했습니다.
"맞아요. 스승님. 우리 마음은 거울처럼 움직일 때가 많은 것 같아요. 누군가 웃으면 따라 웃고, 누군가 울면 따라 울고, 누군가 화를 내면 따라서 화를 내지요. 하지만 함께 웃을 때나 함께 울 때는 행복한데, 함께 화를 내고 나면 불행한 느낌이 들어요."

스승님이 말을 받았습니다.
"왕자님 말씀을 듣고 생각해 보니 우리의 마음은 사랑을 줄 때는 매우 주도적이지만, 사랑을 받을 때나 사랑을 받지 못해서 화가 난 사람들을 대할 때는 종속적으로 변해서 그의 거울처럼 변하는군요."

"맞아요, 스승님. 사람들은 뭔가를 받을 때 거울처럼 받아요. 줄 때는 주인처럼 주게 되고요. 그래서 사랑할 때는 모든 것이 아름답게 보이고, 화가 나 있을 때는 모든 것이 다 아름답게 보이지 않는 것 같아요."

스승님은 눈을 크게 뜨고 어린 왕자에게 말했습니다.

"방금 왕자님께서 또 대단한 발견을 하신 것 같아요."

어린 왕자는 영문을 모르겠다는 표정을 지었습니다.

그러자 스승님이 말을 이어 갔습니다.
"왕자님의 말씀은 처음에는 그냥 사람과의 관계를 말하는 것 같았지만, 세상의 오묘한 이치에 대한 이야기가 숨어 있다는 것을 깨달았습니다. **사람들은 삶이 자신의 뜻대로 되지 않는다고 쉽게 운명을 한탄하고 자포자기하지만, 사실 그것은 자신이 비추어진 세상의 거울을 바라보는 것 같아요. 늘 세상의 배경으로만 살아온 자신을 발견하게 된 것이지요. 세상에 비추어진 자신의 모습을 볼 때, 늘 불만과 편견에 가득 찬 세계가 보인다면 거울이 그런 자신의 모습을 투영해 비춰주고 있는 거죠. 그러니까 세상이 아름답지 않은 거예요.** 하지만 사랑으로 가득 찬 사람은 좋은 사람들이 늘 주변에 있으면서 서로 사랑해주기 때문에 그가 보는 모든 세계는 아름다울 수밖에 없는 거예요."

어린 왕자는 미소를 지으며 말했습니다.

"맞아요, 스승님. 그건 삶을 얼마나 부유하게 살았는지 결부해서 보는 것과는 다른 이야기인 것 같아요. 그러니까, 우리가 말하는 부자들의 삶을 보면서 자신을 비관하는 가난한 사람들, 혹은 부자이면서도 더 갖지 못해 불만인 부자들, 그 어떤 부류에 속하더라도 그것은 중요한 게 아니에요. 행복과 부유함은 큰 거리가 있는 것 같아요."

스승님과 어린 왕자의 대화는 차를 몇 번 더 데울 만큼 길어졌습니다.

Chapter 5.
생각을 묻다

어린 왕자는 궁에서 열린 파티에 참석했습니다.
파티장에는 많은 사람들이 있었고, 어린 왕자 또래의 귀족 자녀들이 한데 모여서 이야기를 나누고 있었습니다.

그런데 어린 왕자의 사촌 동생이 한쪽에서 의기소침해 있는 모습을 어린 왕자가 보게 되었습니다.
어린 왕자는 사촌동생에게 다가가 말했습니다.
"왜 그러고 있니?"

사촌 동생이 말했습니다.
"네, 이곳의 형과 누나들은 다들 똑똑하고, 힘도 센데
저는 그러지 못하잖아요. 그래서 주눅이 들어서 그래요."

어린 왕자는 물었습니다.
"누가 너에게 뭐라고 했니?"

"아니요. 아무도 그런 이야기를 하진 않았지만,
그런 생각이 계속 드니까 자꾸 움츠러들어요."

어린 왕자는 말했습니다.
"이상하구나, 아무도 너에게 그런 말을 하지 않았는데,
너는 그저 너의 생각 때문에 움츠리고 있구나."

어린 왕자는 사촌 동생을 따뜻하게 안아주고 응원해주면서
곰곰이 생각에 잠겼습니다.

어린 왕자는 다음날 어마마마에게 어제 있었던 일을 이야기
하며 물었습니다.
"어마마마, 왜 사람들은 주지도 않은 것을 받고
그 때문에 아무것도 하지 못할 만큼 움츠러드는 걸까요?"

어마마마가 말했습니다.
"글쎄다. 그 아이가 부족해서 그런 것 아니겠니?"

어린 왕자가 다시 물었습니다.
"부정적인 생각이 마음속에 들어와
마음을 얼어붙게 만들면 몸도 얼어붙게 되는 것 같아요.
그러면, 우리는 생각의 주인인가요?"

"당연히 생각의 주인은 우리란다. 왕자야. 그렇지 않다면 어떻게 우리가 생각을 할 수가 있겠니?"

어마마마의 대답에 잠시 생각에 잠겨 있던 어린 왕자가 물었습니다.
"어마마마, 그럼 주인은 어떤 사람을 주인이라고 하나요?"

어마마마는 다시 말했습니다.
"뭐든 자기 마음대로 할 수 있는 사람을 주인이라고 하지."

어린 왕자가 말했습니다.
"어마마마, 그럼 우리는 생각의 주인이 아니에요. 왜냐면, 만약에 사촌 동생이 생각의 주인이라면 자신의 몸과 마음을 위축시키는 생각을 하지 않았을 테니까요."

왕비는 아무 말도 하지 못했습니다.

어린 왕자는 왕을 찾아가 오늘 있었던 일을 이야기하면서 물었습니다.

"아바마마, 생각은 자신의 것이 맞습니까?"

왕이 대답했습니다.
"그럼 그렇고 말고. 생각은 온전히 자신의 것이지."

어린 왕자는 다시 물었습니다.
"아바마마, 그럼 어떤 사람이 주인입니까?"

"책임과 권리를 갖고 있는 사람이 주인이지."

"그럼, 주인은 책임과 권리를 갖고 자기 마음대로 할 수 있는 사람입니까?"

왕은 "그렇지"라며 당당히 대답했습니다.

어린 왕자가 다시 물었습니다.
"아바마마, 그렇다면 우리는 생각의 주인이 아닌 게 확실해요. 왜냐면, 만약 사촌 동생이 생각의 주인이라면 무책임하게 자신의 몸과 마음을 망치는 선택을 하지 않도록 생각하는 게 맞지요."

왕은 아무 말도 하지 못했습니다.

어린 왕자는 궁에서 가장 현명하다고 하는 사제를 찾아가서 그간 있었던 일을 이야기하고 물었습니다.
"사제님, 생각은 자신의 것이 맞습니까?"

사제가 대답했습니다.
"왕자님, 생각은 분명히 자신의 것입니다. 왕자님께서도 자기 맘대로 생각할 수 있지 않습니까? 그리고 사촌 동생도 자신의 마음대로 생각한 것이 아닙니까?"

"그러면, 사제님. 주인은 어떤 것입니까?"

"주인은 자신이 가진 것을 사랑하는 사람이지요."

왕자가 다시 물었습니다.
"그럼, 사제님. 주인은 책임과 권리를 갖고, 자기가 가진 것을 사랑하고 자신의 마음대로 할 수 있는 사람인가요?"

사제는 확신을 갖고 맞다고 대답했습니다.

어린 왕자가 말했습니다.
"사제님, 그러면, 우리는 생각의 주인이 아닌 게 확실합니다. 왜냐면, 만약에 사촌 동생이 생각의 주인이라면, 그리고 자신을 사랑한다면, 자신의 몸과 마음을 망치는 선택을 하는 생각을 하지 않도록 했어야 하기 때문이지요."

사제는 아무 말도 하지 못했습니다.

어린 왕자는 다음 날 스승을 찾아가 그동안 있었던 일에 대해 말했습니다.
"스승님, 생각은 자신의 것이 아닙니다. 사람들의 말처럼 생각이 자신의 뜻대로 할 수 있는 것이라면, 자신에게 이롭도록 현명한 생각을 해야 하는데, 사람들은 그렇게 하지 못하기 때문입니다. 그래서 생각은 자신의 것이 아닙니다."

선생님은 어린 왕자의 단호한 말에 약간의 미소를 머금고 대답했습니다.
"네, 왕자님. 오늘도 왕자님께서는 제가 미처 생각지도 못한 것을 들고 오셨군요. 하지만 왕자님. 주인처럼 자신의 마음대로 자신을 사랑하는 마음으로 책임과 권리를 갖고 생각하는 생각도 있지 않습니까?"

어린 왕자는 단호했던 자신이 미처 보지 못한 것에 대한 약간의 부끄러움을 느끼며 말했습니다.
"네, 스승님 말씀이 옳아요. 어떤 것은 주인처럼 할 수 있는 생각이 있고, 어떤 것은 주인처럼 할 수 없는 생각이 있는 것 같아요."

"그렇군요. 정말로 그렇군요. 그건 어떻게 구분할까요?"

스승의 동의와 질문에 어린 왕자는 힘을 얻어 대답했습니다.
"좋은 생각이 났어요, 스승님. 지혜로운 마음이 하는 생각은 주인의 생각인 것 같아요. 그리고 감정의 마음이 하는 생각은 늘 과장되거나 왜곡되어, 주인으로서 생각할 수 없는 것 같아요. 그럼, 스승님. 지혜로운 마음이 하는 생각을 지혜로운 사고라고 하고, 감정의 마음이 하는 생각을 망상이라고 하면 어떨까요?"

"그거 정말 좋은 생각이네요."
스승은 기쁜 마음으로 동의해 주었습니다.

어린 왕자가 스승에게 물었습니다.
"그런데 스승님. 왜 우리 마음속에는 이렇게 두 가지 마음이 존재하는 것일까요? 그냥 현명하고 지혜로운 마음만 있었다면 우리는 훨씬 행복할 수 있을 텐데요?"

스승님은 미소를 띠며 말했습니다.
"왕자님, 제가 그걸 어찌 알겠습니까? 왕자님께서 늘 그렇게 하셨듯이 저에게 그걸 알려 주십시오."

어린 왕자는 약간의 웃음을 나누고 스승의 집을 나왔습니다.

Chapter 6.
마음의 근원을 묻다

어린 왕자가 스승과의 대화를 안고 고민하던 어느 날, 걸인을 만나게 되었습니다. 걸인의 옆에는 아들로 보이는 일곱 살 가량의 아이가 함께 있었습니다.

배가 고파서 죽겠다고 비명에 가까운 구걸을 하는 걸인에게 어린 왕자는 가지고 있던 빵 한 조각을 주었습니다. 그 빵을 주워든 걸인은 자신은 먹지 않고, 자신의 아들에게 빵을 다 주었습니다.

빵을 다 먹어 갈 때쯤 어린 왕자는 걸인에게 물었습니다.
"너는 배가 고프지 않았느냐? 자식을 사랑하는 마음은 너무나 당연한 것이지만, 한 입도 먹지 않고 아들에게 준 이유는 무엇이냐?"

걸인이 대답했습니다.
"왕자님. 저도 배는 고프지만, 아들이 배가 부르면 저는 괜찮습니다."

어린 왕자는 다시 말했습니다.

"너도 먹지 않으면 죽을 것이다. 네가 죽으면 구걸해주는 애비가 없으니, 아이도 죽을 것이 아니냐? 그러니, 너도 먹어야 될 것 아니더냐?"

어린 왕자는 수중에 있는 돈을 털어서 걸인에게 주고 돌아오는 길에 많은 생각을 했습니다.

깊은 생각에 잠겨 있던 어린 왕자가 숲을 지나고 있을 때였습니다.

늑대 한 마리가 토끼를 쫓고 있었습니다.
토끼는 있는 힘을 다해서 달아나고 있었지만, 늑대에게 곧 잡힐 기세였습니다.

어린 왕자는 얼른 옆에 있던 돌을 집어 들고, 늑대를 향해 힘껏 던졌습니다. 늑대는 돌에 다리를 맞아 나뒹굴었고, 토끼는 무사히 산으로 도망을 갔습니다.

어린 왕자는 흐뭇한 표정으로 자신이 베푼 선행에 만족하는 웃음을 지었습니다. 그런데 지나던 농부가 그 모습을 보고 어린 왕자에게 말했습니다.

"아이고, 왕자님. 그러시면 저 늑대는 어떻게 산답니까? 늑대는 토끼 같은 것을 잡아먹어야 살 수가 있어요."

왕자는 순간 자신이 한 행위에 대해 의문을 갖게 되었습니다.
'내가 선행이라고 생각한 것이
선행이 아닐 수도 있다는 건가?'

어린 왕자는 농부에게 물었습니다.
"그러면, 내가 어떻게 하는 것이 옳으냐?
약한 토끼가 잡아먹히도록 하는 것이 옳으냐?"

농부가 대답했습니다.
"왕자님, 제가 감히 옳고 그름을 어찌 알겠습니까? 단지 옳고 그름이 명확하지 않을 때는 그냥 간섭하지 않는 것이 좋다는 정도만 알 뿐입죠."

"어찌 이것이 명확하지 않다는 것이냐? 약한 것이 강한 것에게 공격을 당하는 것이 옳다는 것이냐?"

농부가 말했습니다.
"그럼 늑대들은 다 죽어야 합니까?"

왕자는 아무 말도 하지 못하고 생각에 잠겼습니다.

'늑대가 다 죽으면 안 되지.'
'늑대가 다 죽으면 안 되지.'

어린 왕자는 계속해서 이렇게 대답을 중얼거리며 길을 걸었습니다. 그리고 스스로에게 물었습니다.

"늑대는 탐욕스러운가?"

"응, 그럼, 늑대는 탐욕스럽지. 약한 토끼를 잡아먹잖아."

"자신의 생존을 위해서 사냥을 하는 것이
과연 탐욕스러운 것인가?"

"그래도……."

"살아남기 위해 하는 행위는 지혜로운 것이 아닌가?"

"글쎄……."

"너는 살아 있기 위해 누군가를 죽이지 않는가?"

"그래, 나도 죽이지, 나를 살리기 위해서, 채소도 죽이고, 닭도 죽이고, 돼지도 죽이지……."

"그럼, 늑대는 탐욕스러운가?"

"아니면, 현명한 것인가?"

스승에게 온 어린 왕자는 스승에게 물었습니다.
"스승님, 감정의 마음이 하는 생각들도 현명한 부분이 있는 것 같아요."

스승은 눈을 동그랗게 뜨고 물었습니다.
"아니, 며칠 사이에 생각이 바뀌셨나요?"

"네, 몸이 없으면 깊이 생각할 수도 없잖아요. 그래서 몸을 지키는 것은 마음을 지키는 것만큼 중요한 것일지도 모른다는 생각을 했어요. 그런데 가만히 생각해 보니, 감정의 생각들에는 몸을 지키는 지혜로운 생각들이 있다는 깨달음을 얻었어요."

"예를 들자면요?"

"그러니까, 배가 고픈 것은 자연스럽기도 하지만 배고프다는 생각이 없다면 먹을 생각을 안 할 테니 굶어 죽겠죠. 또, 불을 보고 두려움이 생기지 않는다면 불에 타겠죠. 그리고 화가 나는 것도 자신을 지키기 위한 행동인 것 같아요."

"왕자님 말씀을 듣고 보니 정말 그러네요. 하지만 뭔가 구분이 필요한 것 같습니다. 왕자님이 말씀하신 것처럼 지혜로운 부분도 있지만, 지난번에 말씀 나눈 것처럼 지혜롭지 못한 것들도 많잖아요."

어린 왕자가 말했습니다.
"감정의 마음이 생각하는 많은 것들은 몸을 지키기 위해서 생기는 것 같아요. 그런데 몸을 지키는 것 이상을 생각하게 될 때부터 망상을 하게 되는 것 같아요. 그러니까, 배고프지 않을 정도만 먹으면 되는데, 배가 터질 지경까지 먹다가 배탈이 나거나, 나중에 먹기 위해 남겨 두었다가 썩는 음식이 생기거나 하는 그런 것들이죠."

스승은 어린 왕자에게 미소로 답했습니다.
"네, 진정 그렇군요. 그러니까 감정의 마음은 몸이 하는 생각이 되는 거군요. 몸이 하는 생각은 적당하면 지혜롭지만, 도를 넘으면 탐욕이 되고 망상이 되어 도리어 몸을 해치게 되는 것이군요."

"네, 맞아요, 스승님. 몸의 생각은 몸을 지키기도 하고 몸을 해치기도 하지요. 그런데 스승님. 감정의 마음이 온전히 몸을 지키거나 해치는 것과 별개로 지혜의 마음은 늘 작동하고 있어요."

"그게 무슨 말입니까?"

"제가 만난 걸인은 자신이 배가 고파서 죽게 생겼지만, 아들을 위해서 음식을 먹지 않았어요. 감정의 마음이 하는 최소한의 생각도 지혜의 마음은 허용하지 않을 때가 있는 것 같아요."

"그렇군요. 그건 무엇 때문일까요?"

"그건, 그건 아마 사랑 때문인 것 같아요. 사랑하는 마음은 몸을 위한 최소한의 것도 허용하지 않을 때가 있는 것 같아요. 맞아요. **사랑하는 마음이야말로 지혜의 마음이네요.**"
스승이 물었습니다.
"사랑이란 뭘까요?"

"사랑은 자신을 희생하는 마음인 것 같아요. 하지만 그건 정확하지 않아요. 스승님은 뭐라고 생각하세요?"

"사랑은 상대방의 입장에서 생각하는 마음 같습니다. 마치 그 걸인이 아들을 생각하는 것처럼요."

"네, 그럼 사랑이란 상대방의 입장에서 생각하고 자신을 희생하는 마음이네요."

"역시 왕자님이세요. 다른 사람들의 지혜를 더 물어보면 사랑이 더 명확해질 것 같네요."

"좋은 생각이에요. 제가 사람들을 만나서 물어볼게요."

어린 왕자는 스승의 집을 나와 궁으로 달려갔습니다. 달려가는 길에 어린 왕자는 아이를 업고 가는 여자에게 사랑을 물었습니다.

여자가 대답했습니다.
"네, 왕자님, 사랑은 다 줘도 하나도 아깝지 않은 마음이죠."

"그렇구나. 그럼 사랑은 상대방의 입장에서 생각하고

자신의 모든 걸 다 희생해도 아깝지 않은 그런 마음이구나, 고맙다."

궁에 도착한 어린 왕자는 왕비에게 달려가 사랑이 뭔지 물었습니다.

왕비가 대답했습니다.
"사랑은 주고 나서 바라는 게 없는 마음이지."

"네, 그렇군요. 그럼 사랑은 상대방의 입장에서 생각하고 자신의 모든 걸 다 희생하고 아깝지 않고, 바라는 마음도 없는 것이네요."

어린 왕자는 사랑이 무엇인지 알았다는 뿌듯한 마음을 안고 다시 스승에게 왔습니다.

어린 왕자는 스승에게 사랑이 무엇인지 이야기했습니다.
그리고 또 이렇게 말했습니다.
"스승님. 그러니까, 우리에게는 몸과 마음이 있어요. 몸은 몸을 지키기 위해 생각을 하는데 그것은 과하면 탐욕이 돼요. 그리고 사실을 왜곡시키기도 하고, 망상을 하기도 하죠. 하지만 마음은 지혜로워요. 그리고 그 근원은 사랑이에요. 그래서 마음은 지혜의 근원이고, 사랑의 힘을 가진 영혼이에요."

스승이 물었습니다.
"그런데, 왕자님. 그렇다면 왜 우리는 몸을 가지고 있어야 하나요? 왕자님 말씀이 맞는다면 우리가 몸을 가지고 있지 않다면 더 고귀한 존재가 되지 않을까요?"

Chapter 7.
몸과 마음의 관계를 풀다

왕자는 곰곰이 생각하고 말했습니다.
"스승님, 집은 어떤 것들로 만들어졌나요?"

스승이 대답했습니다.
"지붕이 있지요."

"또 뭐가 있습니까?"

"벽이 있지요."

"또 뭐가 있습니까?"

"문이 있지요."

"또 뭐가 있습니까?"

"창문이 있지요."

"또 뭐가 있습니까?"

"가구들이 있지요."

"또 뭐가 있습니까?"

"글쎄요……."

스승은 더 이상 아무것도 찾을 수 없었습니다.

어린 왕자가 말했습니다.
"스승님, 이 모든 것들은 무엇을 위해 존재하나요?"

스승은 곰곰이 생각한 끝에 어린 왕자에게 무릎을 꿇고 말했습니다.
"공간입니다. 제가 말씀드린 모든 것들은 공간을 만들기 위해 존재하고, 그 공간에 저와 왕자님이 계신 거지요. 아, 몸은 마음을 담는 그릇이군요. 몸이 없으면 마음을 담을 수 없으니 몸이 왜 필요한지 이제야 알겠습니다. 왕자님, 이토록 지혜롭고 현명하신 왕자님께 어찌 제가 스승이라는 말을 듣는다는 말입니까? 이제 스승이라는 말을 거두어 주십시오."

어린 왕자는 스승을 일으켜 세우며 말했습니다.
"스승님. 스승님이야말로 진정한 스승이십니다. 진정한 스승은 가르치는 사람이 아니라, 몸 안에 든 마음의 지혜를 불러 일으키는 사람이라 생각합니다. 스승님이 아니었다면 제가 어떻게 이런 것들을 알 수 있었겠습니까?"

스승은 예를 다해 어린 왕자를 대하고, 어린 왕자는 스승에게 존경을 표했습니다.

어린 왕자는 궁으로 돌아오는 길에 망령이 난 노파를 만나게 되었습니다. 길을 잃고 헤매고 있던 노파를 돕기 위해 어린 왕자는 노파에게 말을 걸었습니다.
"집이 어디요?"

"몰라, 너는 누구냐?"

어린 왕자는 노망난 노인네인 것을 알고, 그냥 두면 어떻게 될까 봐 걱정이 되어 말을 붙여 보았지만, 노파는 막무가내였습니다.

그렇게 한참 실랑이를 벌이고 있는데, 노파의 아들로 보이는 사람이 놀라며 다가왔습니다.
"아이고, 왕자님. 죄송합니다. 저희 모친 되시는데 노망이 나서 그런 것이니 용서해 주십시오."

왕자는 그 아들과 노파를 돌려보내고 궁으로 오는 길에 깊은 생각에 빠졌습니다.

깊은 생각에 빠져 있던 어린 왕자는 궁 앞에서 사람들이 모여 웅성거리는 것을 보았습니다. 무슨 일인지 궁금했던 어린 왕자는 사람들에게 무슨 일인지 물어 보았습니다.

"네, 왕자님. 저 여자가 귀신이 들려서 사람들의 미래를 점쳐 주고 있습니다. 얼마나 용한지 다 알아맞힌답니다."

어린 왕자가 물었습니다.
"무슨 귀신이 씌었다더냐?"

"네, 조상 귀신이 씌었다고 합니다."

어린 왕자는 잠시 기다렸다가 귀신이 들린 여자에게 물었습니다.
"너는 귀신이 씌어 사람들의 미래를 본다고 하던데, 치매에 걸린 사람은 영혼이 있는 데도 왜 아무런 기억도 하지 못하고 제멋대로 행동하는지 아느냐?"

귀신 들린 여자가 대답했습니다.
"영혼이 나가 버리면 노망이 오는 것입니다."

어린 왕자는 고개를 갸우뚱거리며 궁으로 돌아왔습니다.

어린 왕자는 대신 중에 한 명에게 물었습니다.
"사람에게는 영혼이 있습니까?"

"왕자님, 당연하지요."

"그렇다면 그것을 어떻게 알수 있지요?"

"잠을 잘 때 영혼이 없으면 어떻게 꿈을 꿀 수 있겠습니까?"

"잘 이해가 되지 않아요. 다른 예는 없나요?"

"음, 왕자님. 왕자님께서도 가끔 어떤 좋은 생각이 갑자기 떠오를 때가 있지요? 영혼이 없다면 어떻게 그런 생각이 갑자기 들겠습니까? 그래서 영감이라고 부르는 겁니다."

"음, 그것도 잘 이해되지 않아요."

"영혼이 없다면 몸을 어떻게 조종할 수 있겠습니까?"

"오늘 노망난 노파를 만났습니다. 그녀는 살아 있었지만 의식은 없는 것이나 다름없었지요. 만약에 영혼이 있다면 어떻게 그럴 수 있을까요?"

대신은 대답했습니다.
"글쎄요. 정신이 나간 것 아닐까요?"

"정신이라고요?"
어린 왕자는 눈을 번뜩이며 물었습니다.

대신은 의아한 듯 대답했습니다.
"네, 그 사람은 정신이 나간 것 같습니다, 왕자님."

"영혼과 정신은 어떻게 다른가요?"
어린 왕자는 호기심 어린 눈으로 물었습니다.

대신은 조금 당황하며 말했습니다.
"글쎄요, 제가 바빠서 이만 가봐야겠습니다, 왕자님."

대신은 쫓기듯 사라졌지만, 어린 왕자는 호기심을 반쯤 채운 듯한 얼굴로 궁 밖으로 나갔습니다.

어린 왕자는 궁에서 나와 공원으로 갔습니다.
공원에서는 어린아이들이 연을 날리고 있었습니다.
하늘 높이 나는 연을 보고 어린 왕자는 깊은 생각에 잠겼습니다. 그 때, 어린아이 하나가 울면서 엄마에게 말하는 것을 들었습니다.

"엄마, 연줄이 끊어져서 연이 하늘로 날아가 버렸어요."

엄마는 아이를 달래며 말했습니다.
"애야, 울지 마라. 연은 다시 만들면 되잖니. 그러니까 울지 마라."

어린 왕자는 뭔가를 알았다는 듯 기쁨의 미소를 띠고 혼잣말을 했습니다.
"그래. 연이 몸이면 아이는 영혼이고, 연줄이 정신이구나. 몸과 영혼은 정신으로 연결되어 있는 거였어. 그래서 정신이 나가면 몸은 살아 있어도 영혼의 조종을 받지 못하고 정처 없이 떠돌아다니게 되는 거야. 그래서 정신줄 놓는다는 말을 어른들이 했던 거야."

Chapter 8.
마음을 정하다

어린 왕자는 자신의 마음이 무엇인지 너무 궁금했습니다. 그래서 이번에도 사람들에게 그들의 마음은 무엇인지 물어보기로 했습니다.
시장에 나간 어린 왕자는 과일 가게 주인에게 그의 마음은 무엇인지 물었습니다.

"제 마음이요? 음, 제 생각에 제 마음은 사과 같아요. 빨갛고 탐스럽고 상큼하고 달죠. 하지만 쉽게 상처받고 벌레가 먹기도 하지요."

어린 왕자가 물었습니다.
"왜 그 많은 과일 중에 사과지?"

과일 가게 주인이 대답했습니다.
"제가 사과를 좋아하거든요."

이번에는 생선 가게 주인에게 그의 마음이 무엇인지 물었습니다.

"제 마음은 빙어 같아요. 성질이 급해서 금방 쓰러질 듯이 화를 내기도 하죠."

어린 왕자가 물었습니다.
"왜 하필 빙어지?"

생선 가게 주인이 대답했습니다.
"글쎄요. 빙어가 작은 것처럼 저도 작잖아요. 그리고 성격이 급한 것도 저랑 같고요. 빙어는 성격이 급해서 작은 통에 넣어서 먼 길을 가면 죽어버릴 정도예요."

"그래? 그럼 먼 길을 갈 때는 어떻게 하지?"

"그때는 메기 한 마리를 함께 넣어요. 그러면 메기가 빙어들을 잡아먹죠. 그렇게 도망을 다니느라고 화가 날 틈이 없어지거든요."

"시련이 오면 화낼 틈도 없어지는구나. 그러면, 화를 낼 때는 시련이 없을 때구나?"

"왕자님 말씀을 듣고 보니 그러네요."

이번에는 꽃집 주인에게 그의 마음이 무엇인지 물었습니다.

"네, 왕자님, 제 꽃은 장미꽃 같아요. 정말 예쁘고 아름답지요. 하지만 때로는 가시가 있어서 저에게 나쁘게 대하는 사람들을 찔러 줄 때도 있어요."

"그런데 왜 하필 장미지?"

"장미는 가장 화려한 꽃이잖아요. 저도 저렇게 화려하게 되고 싶어요. 그리고 가시로 자신을 보호할 수도 있고요."

"누구에게서 보호한다는 거지? 결국 여기 있는 꽃들은 가시가 있건 없건 모두 다 꺾여서 사람들에게 팔리잖아?"

"그렇지만, 장미는 가시가 있어서 우습게 보지 않아요."

어린 왕자는 고개를 갸우뚱거리며 시장을 돌아다니다가, 보석 가게에 들렀습니다.
그리고 주인에게 그의 마음이 무엇인지 물었습니다.

"네, 왕자님, 저의 마음은 사파이어 같아요. 사파이어는 그렇게 비싼 보석은 아니지만 색깔이 저랑 비슷해요. 제가 좀 차갑거든요. 사파이어는 파란색이잖아요."

"그런데 왜 하필 사파이어지?"

"말씀드린 것처럼 저랑 비슷한 것 같아서죠."

"그렇지만, 당신은 어떤 것이든 선택할 수 있잖아. 루비도 다이아몬드. 그런데 왜 하필이면 사파이어를 선택했느냐는 거지."

"글쎄요. 저는 왕자님이 무슨 말씀을 하시는지 모르겠어요."

"내 마음은 무엇인지 궁금하지 않아?"

"네, 궁금해요. 왕자님의 마음은 뭡니까?"

"내 마음은 다이아몬드야. 세상에서 가장 크고 고귀한 다이아몬드. 어떤 것보다도 강하고 어떤 것보다도 고귀하며 그 어떤 것보다도 선하지. 어떻게 생각하나?"

"아휴, 왕자님. 부럽습니다. 역시 왕자님이시네요."

"그러니까 내 말은 나처럼 이렇게 다이아몬드를 선택할 수도 있었잖아. 그런데 왜 하필 사파이어를 선택하고 본인을 차갑다고 생각하느냐는 거야?"

보석 가게 주인은 한참 동안 생각하다가 대답했습니다.
"한 번도 마음을 제가 정할 수 있다고 생각하지 못했습니다. 하지만 왕자님 말씀을 듣고 나니까 제가 바보 같다는 생각이 드네요. 마음은 정할 수 있는 거군요."

어린 왕자는 스승에게 돌아왔습니다.

"왕자님, 오늘은 또 무슨 지혜를 배우셨나요?"

어린 왕자는 미소를 띠며 스승님에게 말했습니다.
"오늘은 마음을 정하는 것에 대해서 배웠습니다."

여느 때처럼 스승님은 호기심 어린 표정으로 어린 왕자에게 물었습니다.
"마음을 정한다구요? 흥미로운 말씀이네요. 저에게도 들려주세요."

어린 왕자는 대답했습니다.
"제가 시장에서 사람들에게 마음에 대해 물었습니다. 그들은 저마다 자신의 마음을 자신이 좋아하는 것들이나, 자신의 성격과 감정에 비추어 이야기했어요. 하지만 제가 그들에게 정말 그렇게 정한 마음이 좋은지에 대해서 물었을 때, 그들은 별로 자신의 마음을 좋아하지 않았어요. 그냥 타고난 운명처럼 받아들인다는 생각으로 말이에요. 하지만 제가 그들에게 자신의 마음을 선택할 수 있다는 것을 알려주었을 때, 그들은 자신의 마음을 바꾸고 싶어 했어요."

스승님은 자애로운 눈으로 말했습니다.

"왕자님. 오늘도 정말 흥미로운 것을 배워 오셨군요. 마음을 정할 수 있다는 것은 참 중요한 생각 같아요. 그런데 어떤 때에 중요한 것인지는 아직 잘 이해가 되질 않는군요."

어린 왕자는 미소를 지으면서 말을 이었습니다.
"자신의 마음을 예쁜 사과라고 생각하는 사람이 있어요. 그런데 누군가 자신에게 와서 자신의 험담을 하고, 화내는 것을 본다면 어떻게 될까요? 아마 그 사과는 흠집이 생긴 것 같고, 상처를 받아서 분노가 생기고, 그것을 치료하는 것이 복수하는 것이라고 생각할 수도 있을 거예요. 자신의 마음에 상처를 준 거니까요. 하지만 그것은 상처받은 마음을 선택한 결과일 뿐이에요. 만약에 다이아몬드처럼 강한 사과를 자신의 마음으로 선택한 사람은 어떨까요? 누가 무슨 말을 해도 마음에 상처받지 않고, 오히려 그를 위로해줄 수 있는 마음을 선택한 사람이라면 어떨까요? 그런 사람이라면 자신의 마음이 다른 사람에게 훼손되는 것을 허락하지 않을 뿐더러, 다른 사람들의 마음을 치료해줄 수 있는 그런 마음을 선택할 수도 있을 테지요."

스승은 존경의 눈빛으로 어린 왕자를 쳐다보며 말했습니다.
"진정으로 그렇군요. 우리는 언제나 다른 사람 때문에 우리가 고통받는다고 생각하기 쉽지만, 사실은 우리가 우리의 마음을 정하지 않았기 때문에 다른 사람들에 의해 우리 마음이 제멋대로 정해지고 있었던 거군요. 우리가 마음을 정한다는 것이 지혜의 첫걸음인 것 같습니다."

Chapter 9.
마음에 들다

어린 왕자는 어느 날 우물에서 놀고 있는 아이들을 보았습니다. 어린 왕자가 다가가는지도 모르는 아이들은 놀이에 여념이 없었습니다.

어린 왕자는 아이들이 무슨 놀이를 하기에 그렇게도 재미있어 하는지 궁금했습니다. 아이들은 작은 우물 속에 얼굴을 비추고, 표정을 바꾸는 놀이를 하고 있었습니다.

어린 왕자가 다가간 것을 눈치챈 아이들이 뒤로 물러섰습니다. 어린 왕자는 자신도 호기심이 생겨서 우물에 얼굴을 비추어 보았습니다.

우물은 아주 작아서 어린 왕자의 얼굴과 작은 하늘이 보였습니다. 작은 하늘에 보이는 구름의 꼬리를 보고 어린 왕자는 하늘을 올려다보았습니다.

하늘을 보고, 어린 왕자는 그 구름이 고래를 닮은 거대한 구름의 꼬리였다는 것을 알게 되었습니다. 그리고 그 하늘에 강렬한 태양이 있었다는 것도 알 수 있었습니다.

어린 왕자는 호기심 가득 찬 눈으로 성 안의 연못을 향해 뛰어 갔습니다. 연못에 다다른 어린 왕자는 연못을 가만히 내려다보았습니다.

연못에는 우물에서는 볼 수 없었던 태양을 볼 수도 있었습니다. 하지만 큰 고래 구름을 다 보기는 아직 힘들다는 것을 알았습니다.

그러던 어느 날, 어린 왕자는 근처 호수에 갔습니다.
호수에는 햇살이 부서져 보석처럼 빛나고 있었습니다.
어린 왕자는 호수를 바라보며 깊은 생각에 잠겼습니다.

아침에는 호수 안으로 새들과 함께 해가 들어가고, 큰 고래 구름도 다 담겨 있었습니다.
그 고래는 아까보다 커져 있었는데도 말입니다.

오후가 되자 호수 안으로 산이 들어갔습니다.
저녁이 되자 호수는 달과 별을 담았습니다.

어린 왕자는 순간 궁금해졌습니다.
'바다는 무엇을 담고 있을까?'

어린 왕자는 바다를 보여 달라고 왕에게 졸랐습니다.
어린 왕자는 마차를 타고 바다를 보기 위해 길을 떠났습니다.

어린 왕자는 하루를 꼬박 달려 바다에 다다랐습니다.
바다가 무엇을 담고 있는지 보기 위해, 어린 왕자는 산으로 올라가야 했습니다.

고생 끝에 산에서 내려다본 바다는 하늘을 담고 있었습니다. 저녁이 되자, 바다는 푸른빛을 버리고 온통 검은 빛으로 변하더니, 이내 별을 하나둘 품기 시작했습니다. 그리고 하늘에서 볼 수 있는 모든 별들을 다 품고는 하늘이 되어 버렸습니다.

아마도 바다는 세상과 온 우주를 다 담고 있을 것이라 어린 왕자는 생각했습니다.

바다에서 돌아오는 길에 어린 왕자는 여행자를 만나게 되었습니다.
가는 길이 같아서 태운 여행자에게 어린 왕자가 물었습니다.
"내가 마음에 드느냐?"

"솔직히 말씀드려도 되나요?"

"그럼. 솔직히 말해도 된다."

"왕자님께서 마차를 태워 주신 것이야 정말 감사한 일이지만, 저는 오늘 왕자님을 처음 뵈었는데 마음에 들고 안 들고 할 게 어디 있겠습니까?"

"하하하, 나는 네가 마음에 꼭 들어."

"네, 무슨 말씀이신지요?"

어린 왕자는 손을 동그랗게 모아서 보이고는,
"이것이 너의 마음이야" 하고 말했습니다.

다시 어린 왕자는 팔로 크게 동그라미를 그리고서 말했습니다.

"이것이 내 마음이야. 네 마음이 내 마음에 들어와서, 네가 내 마음에 든다고 말하는 거야. 예전에 나는 마음에 안 드는 사람들이 많았었어. 그리고 그들이 다들 이상해서 그렇다고 생각했지. 그런데 오늘 바다를 보면서 생각했어, 그들이 내 마음에 들지 않는 이유는 내 마음이 그들의 마음을 담지 못할 만큼 작아서였다는 것을 말이야.

물은 그 크기만큼 세상을 담고, 사람은 마음의 크기만큼 사람들을 담는 거라는 사실을 이제야 알았어."

Chapter 10.
마음을 먹다

어린 왕자가 차를 한잔 마시고 있는데, 옆자리에서 아버지로 보이는 나이 든 어른이 아들로 보이는 청년에게 이야기하고 있었습니다.
"네가 지금 하는 일이 네 마음대로 되지 않는다면, 그것은 네가 제대로 마음먹고 그 일을 하지 않았기 때문이야. 세상일은 사실 마음먹은 만큼 이루어지는 거란다."

어린 왕자는 그 이야기가 흥미로워서 더 들어 보기로 했습니다.
아들이 대답했습니다.
"아버지. 하지만 세상일이 다 마음먹은 대로 이루어지는 것은 아니잖아요? 제가 아무리 잘 하려고 해도 되지 않는 일들이 있어요. 저 혼자만 할 수 있는 일이라면 모르겠지만, 대부분의 일은 저 혼자 할 수 있는 일이 아니잖아요."
아버지가 말했습니다.
"그래 세상일은 그런 것처럼 보이지. 그리고 그게 맞아. 세상일이 어떻게 네가 원하는 대로만 되겠니? 하지만 너는 네가 원하는 대로 할 수 있잖니? 네가 원하는 대로 하다 보면 세상일도 네가 원하는 대로 되는 거야."

아들은 말도 안 된다는 듯이 이야기했습니다.
"아버지. 제가 직장을 얻으려고 아무리 노력해도 그들이 저를 선택해 주지 않으면 그게 무슨 소용인가요?"
아버지는 말문이 막혀서 아무 말도 못했습니다.

어린 왕자는 부자의 이야기에 끼어들었습니다.
자신을 소개하자, 부자는 예를 갖추었고 어린 왕자의 이야기에 귀를 기울였습니다.
"마음먹은 만큼 이루어진 경험이 있느냐?"
아비가 말했습니다.
"예, 왕자님. 저는 장사를 하면서 마음을 굳게 먹고 열심히 일해서 지금의 자리에 올 수 있었던 것 같습니다."
아들에게도 묻자, 아들이 대답했습니다.
"네, 공부를 할 때 마음을 독하게 먹으니까 성적이 잘 나왔습니다."
어린 왕자는 다시 물었습니다.
"그러면, 마음먹고 열심히 해도 안 되는 일이 있었더냐?"
아비가 대답했습니다.
"저는 없었습니다."

아들이 대답했습니다.
"네, 많이 있었습니다. 직장을 얻는 것, 예쁜 신부를 얻는 것, 모든 것이 마음먹은 대로 잘 되지 않았습니다."
어린 왕자가 아비에게 물었습니다.
"아비는 어떻게 모든 일이 마음먹은 대로 되었다고 이야기하느냐?"
아비가 대답했습니다.
"저는 한번 뜻을 세운 일을 위해 그 일이 될 때까지 온 힘을 쏟아 최선을 다했기 때문에 마음먹은 대로 일이 되었던 것 같습니다."
어린 왕자는 아들에게 물었습니다.
"너는 아비처럼 한 적이 있느냐?"
아들이 작은 목소리로 이야기했습니다.
"네……."
어린 왕자는 다시 한 번 물었습니다.
"너는 진정으로 그렇게 한 적이 있느냐?"
아들은 고개를 숙이고 대답했습니다.
"아직, 그렇게까지 한 일은 없었던 것 같습니다."

어린 왕자는 아비에게 물었습니다.

"마음을 먹는다는 것은 무엇이냐?"

아비가 대답했습니다.

"뜻을 세운다는 의미가 아닐까요?"

어린 왕자는 "글쎄……"라는 말과 함께 그들과 작별을 고하고 스승의 집으로 향했습니다.

스승에게 온 어린 왕자는 오늘 만난 부자의 이야기를 스승에게 했습니다. 그리고 물었습니다.

"스승님, 마음을 먹는다는 것은 무엇인가요?"

스승은 미소를 지으며 말했습니다.

"왕자님 말씀을 듣고 나니 저도 정말 궁금하네요. 사람들의 말처럼 뜻을 세우거나, 각오를 다지거나 한다는 것은 누구나 알고 있는 뜻일 테고, 저는 왕자님의 동화 같은 생각이 듣고 싶네요."

어린 왕자는 천진한 미소를 지으며 대답했습니다.

"제 생각에는 마음먹은 만큼 일이 이루어진다면,"

어린 왕자는 옆에 있던 빵을 집어 들고 말을 이어갔습니다.

"이 빵이 제 마음이라면 다 먹어야지 온전히 이루어진다는 말 같아요."

스승은 존경의 눈빛으로 대답했습니다.
"정말 그렇군요, 왕자님. 자신의 마음을 다 먹으면 자신이 뜻하는 일이 이루어지겠네요."

어린 왕자가 반짝이는 눈으로 말했습니다.
"그리고 또 하나 그들에게 배운 지혜가 있어요."

"그게 뭡니까?"

호기심 어린 스승의 질문에 어린 왕자가 대답했습니다.
"마음을 다 먹고 나서 해야 할 일이 있어요. 그건 그 일이 될 때까지 해야 하는 거예요. 마음을 다 먹었다는 것은 뜻한 일이 이루어질 때까지 절대로 그만두지 않겠다는 뜻 같아요. 그러니까, 그 아비는 모든 것을 다 이루었다고 말할 수 있는 것 같아요. 그리고 아마도 그는 지금도 마음먹은 일을 이루어 가고 있을 테고요."

"정말 그러네요. 마음먹은 일이 이루어지기 위해서는 마음을 다 먹는 것과, 마음을 다 먹었으면 그것이 이루어질 때까지 포기하지 않는 것 두 가지를 해야 하는군요."

어린 왕자는 뭔가 생각났다는 듯 호기심 어린 표정을 짓고, 스승에게 물었습니다.
"스승님. 마음을 먹는다는 것은 확신에 찬 자신감이 있는 상태를 말하는 것 같아요. 그런데 가만히 생각해 보니 참 이상한 것이 있어요."

"뭐가요?"
스승은 호기심 어린 눈으로 물었습니다.

"스승님은 어떤 사람에게 신뢰가 가나요? 자신감 있는 사람에게 신뢰가 가지 않나요?"

"그렇죠. 당연한 것 아닐까요?"

"스승님, 자신감은 스스로 자신을 믿는 마음이잖아요? 그런데 자신이 자신을 믿는 마음이 클수록, 다른 사람들도 자신을 믿어주잖아요?"

스승은 곰곰이 생각에 빠졌습니다. 그리고 말을 이었습니다.
"그렇죠. 참 이상하군요. 말씀을 듣고 보니 참 신기하군요. 모든 사람이 각각 마음을 가지고 있는 것 같지만, 거대한 마음의 바다로 연결되어 있는 기분이군요."

"그렇죠? 정말 이상하죠?"
어린 왕자가 다소 들뜬 표정으로 말했습니다.

"마음을 다 먹으면 왜 모든 것이 이루어지는지도 알 것 같네요."

"맞아요, 스승님. 제가 마음을 다 먹고 태산 같은 자신감을 갖게 되면 다른 사람들이 나를 믿고 따라 주기 때문에, 제가 포기하지 않고 끝까지 하기만 하면, 모든 것이 다 제 뜻대로 이루어지는 거였어요. 그게 비밀이었어요."

스승과 어린 왕자의 지혜로운 대화는 그들이 마시는 따뜻한 차 한잔과 함께 저녁까지 이어졌습니다.

Chapter 11.
마음을 살찌우다

어린 왕자가 어느 날 시장을 지나다가 돼지 두 마리를 팔기 위해 나온 사람을 만났습니다. 한 돼지는 뚱뚱하고, 다른 한 돼지는 조금 작고 말라 보였습니다. 어린 왕자는 그 사람에게 말을 걸었습니다.
"이 두 돼지 중 살찐 놈이 나이가 더 많으냐?"

돼지 주인이 대답했습니다.
"아닙니다. 둘 다 나이는 같습니다, 왕자님. 단지 한 놈은 많이 먹어서 그렇고, 다른 한 놈은 잘 먹지 않아서 몸집이 작습니다."

어린 왕자는 "그래, 그거야"라고 소리를 치며 스승의 집으로 내달렸습니다.

어린 왕자는 스승에게 물었습니다.
"스승님, 오늘 돼지 두 마리를 팔러 나온 돼지 장수를 만났습니다. 두 마리가 나이는 같은데 한 마리는 크고 뚱뚱하고, 한 마리는 작고 말랐습니다. 왜 그렇다고 생각하십니까?"

스승이 대답했습니다.
"글쎄요, 한 놈은 많이 먹고, 한 놈은 적게 먹어서 그런 것이 아닐까요?"

"하하, 맞아요. 어떤 사람은 마음이 크고 넓은데, 어떤 사람은 마음이 작고 좁은 이유는 뭐라고 생각하세요?"

스승은 고개를 갸우뚱거리며 말했습니다.
"글쎄요. 원래부터 태생이 그런 것이 아닐까요?"

어린 왕자는 미소를 지으며 말했습니다.
"마음도 뭘 먹어야 하는데 큰 마음은 그것을 많이 먹었고, 작은 마음은 적게 먹어서 그래요. 그게 뭘까요?"

스승은 말했습니다.
"그거 정말 재미있는 생각이네요. 마음도 뭘 먹고 살이 찐다는 말씀이군요. 칭찬 같은 것이 아닐까요?"

어린 왕자는 천진한 미소를 띠며 말했습니다.

"비슷해요. 하지만 칭찬보다 훨씬 강력한 거지요. '사랑'이에요."

스승은 만면에 미소를 띠고 말했습니다.
"왕자님, 정말 그런 것 같군요. 마음을 살찌우는 것은 사랑이라는 거, 정말 그런 것 같아요. 그러니까 사랑을 많이 먹으면 살이 찌는군요."

어린 왕자는 천진한 미소를 띠며 고개를 끄덕였습니다.

스승은 다시 어린 왕자에게 물었습니다.
"그런데 왕자님. 사랑을 많이 받은 사람이 넓은 마음을 갖고, 사랑을 적게 받은 사람이 좁은 마음을 갖는다는 것은 분명히 그럴 것 같은데, 원래부터 사랑받지 못했던 사람들은 어떻게 해야 하나요? 그들에게 인생은 너무 가혹한 것 아닐까요? 사랑도 못 받고, 마음도 좁고, 마음이 좁으니까 또 사랑을 못 받고, 그러니까 더 마음이 좁아지고……"

어린 왕자는 스승에게 물었습니다.
"스승님. 스승님은 누군가를 사랑할 때, 혹시 이유가 있다면 무슨 이유 때문에 그 사람을 사랑하시나요?"

스승은 곰곰이 생각하고 말했습니다.
"글쎄요. 그건 그냥 사랑스러워서 사랑할 때도 있고, 저를 사랑해주니까 사랑할 때도 있는 것 같네요. 혹은 불쌍해서 사랑하기도 하구요."

어린 왕자는 말을 이었습니다.
"그럼, 사랑할 때 사랑받는 사람은 어떤가요?"

"그야, 당연히 좋아하지요."

"그가 다시 스승님을 사랑해 주던가요?"

"대부분 그랬던 것 같아요."

"그럼, 답이 되었네요. 마음의 양식은 사랑이고, 마음이 사랑을 먹기 위해서는 먼저 사랑하면 되는 거네요. 그럼 사랑받은 누군가가 다시 사랑해줄 테니까 그걸 먹으면 되겠네요."

스승은 존경의 눈빛으로 어린 왕자를 바라보았습니다.

Chapter 12.
마음의 양식을 몸에 주다

어린 왕자의 지혜에 경의를 표하는 스승을 보며 어린 왕자는 뿌듯한 기분을 느끼게 되었습니다.

스승은 어린 왕자에게 늘 예를 다했으며, 어린 왕자는 예전에는 지혜를 구하던 스승에게 지혜를 전달하기 위해 애쓰고 있었습니다.

그러던 어느 날, 어린 왕자는 한 장군이 여러 명이 모여 있는 곳에서 자신의 부하를 칭찬하는 이야기를 듣게 되었습니다.

"하하하, 이 장교는 제가 본 장교들 중 최고입니다. 왕자님."

어린 왕자가 말했습니다.
"네, 장군님께서 그렇게 칭찬하는 사람이라면, 얼마나 훌륭한 사람이겠어요."

어린 왕자가 바라본 그 장교는 정말 늠름하게 생겼고, 성실해 보였습니다.
"앞으로 이 나라를 위해 큰일을 해줘."

어린 왕자는 그 장교에게 칭찬을 해 주었습니다.

그리고 얼마 지나지 않아, 길을 가던 어린 왕자는 우연히 병사들이 하는 이야기를 듣게 되었습니다.

"그 장교 말이야. 장군님의 신뢰를 한 몸에 받더니 정말 기고만장이야. 사람들을 업신여기는 꼴을 정말 못 봐 주겠어. 예전에는 그러지 않았는데 말이야."

다른 병사가 말했습니다.
"아, 글쎄. 얼마 전에 그 장교가 술을 마시며 하는 이야기를 들었는데 마치 이 나라의 장군인 것처럼 구는 거야. 정말 가관이었어."

옆에 있던 병사도 거들었습니다.
"그러니까 말이야. 아니, 예전에는 정말 괜찮은 사람이었는데 왜 그렇게 되었는지 몰라."

어린 왕자는 그 장교의 동료들을 불러 그에 대해서 물었습니다.

"그는 여전히 훌륭하죠. 하지만 자신이 훌륭하다는 것을 너무 잘 알고 있어서 그게 문제라면 문제지요."

어린 왕자는 물었습니다.
"그게 무슨 문제지?"

"자기가 훌륭한 줄 알기 전에는 사람들이 그를 좋아했는데, 장군님을 통해서 자신이 훌륭하다는 것을 아는 순간 아무도 그를 훌륭하게 보지 않는 거 같아요."

동료의 이야기에 어린 왕자는 깊은 생각을 하게 되었습니다.
'자신이 훌륭하다는 것을 아는 순간 훌륭함을 잃는다고?'

어린 왕자는 다른 동료에게도 물었습니다.
"너는 그를 어떻게 생각하느냐?"

그가 대답했습니다.

"그는 예전의 그가 더 이상 아니에요. 하지만 자신은 아무것도 몰라요. 그래서 불쌍해 보여요."

어린 왕자는 장군을 찾아갔습니다.
"장군, 당신이 그토록 칭찬하던 그 장교는 지금은 어떻소?"

장군이 대답했습니다.
"그는 여전히 잘하고 있습니다."

어린 왕자는 곰곰이 생각에 잠겼습니다.

어린 왕자가 깊은 생각을 하며 길을 가고 있을 때, 한 아이가 엄마에게 혼나고 있는 모습이 보였습니다.

"이 녀석아, 오늘 저녁 먹을 걸 돼지에게 주면 어떡하니? 우리 식구는 오늘 다 굶어야겠다."

철없는 아이가 저녁에 식구들끼리 먹을 식사를 돼지에게 준 모양이었습니다.

울고 있는 어린 아이를 달래주기 위해 어린 왕자는 아이의 엄마에게 말했습니다.

"내가 오늘 너희에게 저녁을 사줄 터이니, 아이를 그만 야단치거라."

여자가 화들짝 놀라며 말했습니다.

"아이고, 왕자님. 감사합니다. 아니 이 녀석이 정말 말썽입니다. 우리가 먹을 것을 돼지에게 줘버렸으니 돼지만 살찌게 되었습니다."

어린 왕자는 머릿속으로 뭔가 번쩍이는 것이 지나가는 것을 느꼈습니다.

'같은 음식인데 돼지가 먹으면 돼지의 살이 되고, 사람이 먹으면 사람의 살이 되는구나.'

그리고 어린 왕자는 스승에게 달려갔습니다.

어린 왕자는 스승을 보자마자 무릎을 꿇었습니다.

무슨 영문인지 모르는 스승은 어린 왕자를 일으켜 세우며, 까닭을 물었습니다.

어린 왕자가 말했습니다.
"스승님, 먹을 것을 돼지에게 주면 돼지의 살이 되고, 사람에게 주면 사람의 살이 됩니다. 저는 사랑을 받으면 마음이 살찐다는 생각만 했지, 그것을 몸이 먼저 먹을 수 있다는 생각을 하지 못했어요. 몸이 먼저 칭찬을 먹으면 교만해져서 몸이 굳어지고, 마음은 더 쭈그러들 수 있다는 사실을 깨달았어요. 제가 그동안 스승님의 사랑을 마음으로 보내지 못하고, 몸에게만 주고 있었어요. 그래서 스승님께 지혜를 가르치려고 했어요. 죄송해요."

스승은 어린 왕자를 일으켜 세우며 말했습니다.
"왕자님은 제가 본 사람 가운데 가장 지혜로우신 분이세요."

어린 왕자가 다시 말했습니다.
"그건 제게 어울리지 않아요. 저는 그저 지혜를 물을 뿐이에요."

Part 2
어린 왕자, 사랑을 묻다

세상의 모든 생명들은
다 외로울지도 몰라.
그래서 사랑을 하는 건가?

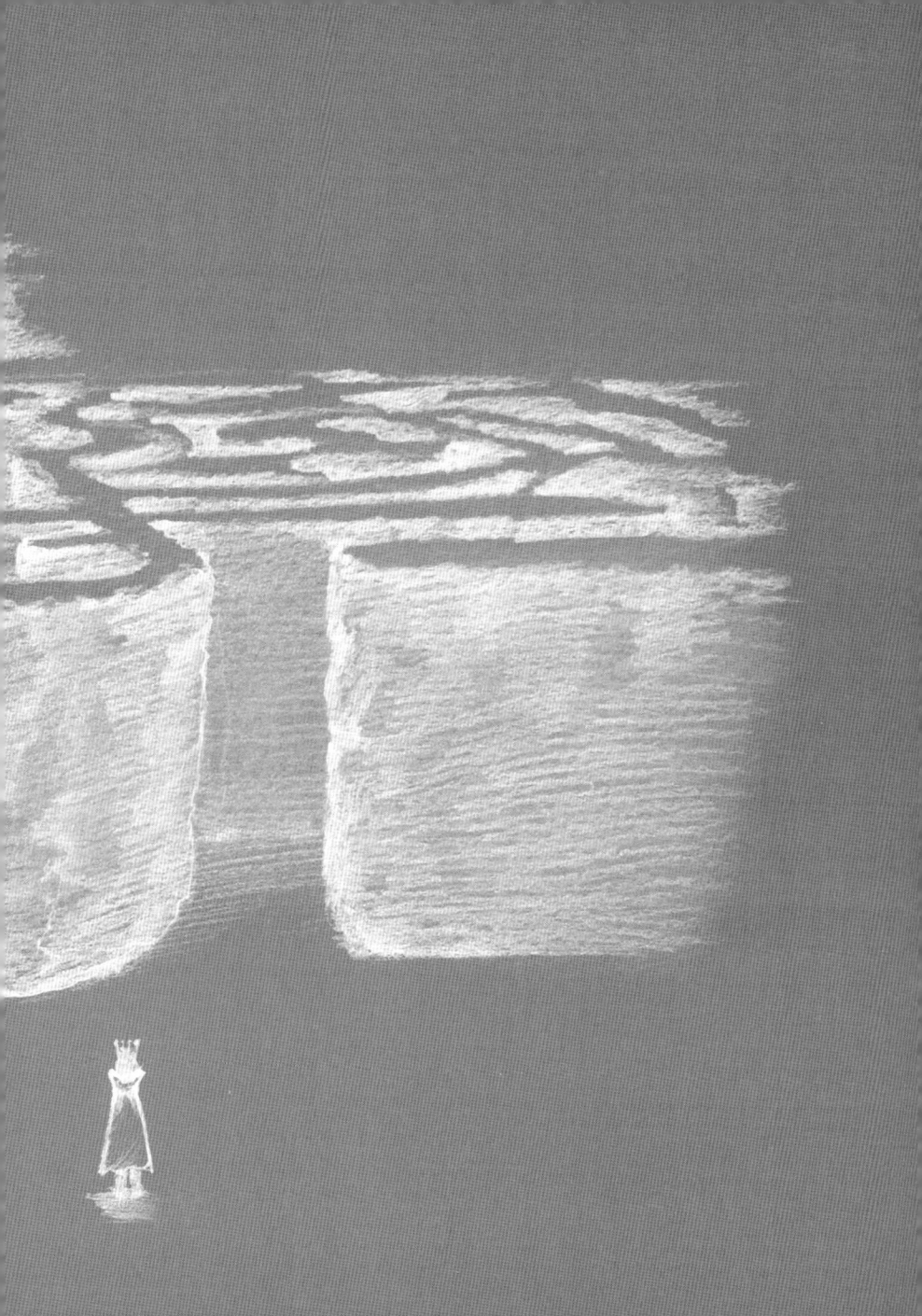

Chapter 13.
사랑의 가치를 깨닫다

여느 때처럼 어린 왕자는 호기심 어린 눈빛으로 사람들에게 지혜를 묻고 다녔습니다. 한쪽에서 한 무리의 사람들이 저마다 자기가 가진 것을 꺼내놓고 자랑을 하고 있었습니다.

한 여자가 작은 반지를 꺼내 놓고 말했습니다.
"이 반지는 내 남편이 나를 위해 생일에 해준 세상에 둘도 없는 반지야."

옆에 있던 여자가 말했습니다.
"내 옷을 좀 봐. 이 옷은 우리 엄마가 나를 위해 몇 달 동안 바느질해서 만든 거야. 이거야말로 세상에 둘도 없는 거지."

또 옆에 있던 한 여자가 말했습니다.
"이 신발을 봐. 내 신발은 우리 할머니가 나를 위해 먼 나라에서 사오셨어. 세상에 둘도 없는 신발이지."

아마도 세상에 둘도 없는 물건을 가지고 있다고 자랑하는 자리인 것 같았습니다.

어린 왕자는 너무도 궁금해서 그들의 이야기에 끼어들었습니다.
"그 반지는 얼마짜리야?"

어린 왕자의 물음에 놀란 여자들은 예를 표하고 어린 왕자의 물음에 답했습니다.
"네, 이것은 아마도 말 한 마리와 바꿀 정도의 가치가 있는 것으로 압니다."

어린 왕자가 다시 물었습니다.
"그렇다면, 내가 말을 두 마리 줄 테니 그 반지를 나에게 줄 수 있어?"

여자가 당황하며 말했습니다.
"안 됩니다. 그건 제 남편이 사다 준 반지라 안 됩니다."

어린 왕자가 되물었습니다.
"하지만 그것은 말 한 마리 정도의 가치라고 하지 않았어? 그럼 내가 말을 다섯 마리 줄게, 그 반지를 나에게 줘."

여자는 고개를 저었습니다.

어린 왕자는 물었습니다.
"말 다섯 마리면 그런 반지를 다섯 개 정도는 살 수 있을 텐데, 왜 그 반지를 나에게 팔지 않는 거지?"

여자가 대답했습니다.
"이 반지는 세상에 단 하나뿐인 반지입니다. 그래서 팔 수 없는 것이지요."

어린 왕자가 말했습니다.
"그렇게 똑같이 생긴 반지는 세상에 많이 있어. 말 다섯 마리를 가지고 얼마든지 그런 반지를 살 수 있잖아."

여자가 말했습니다.
"하지만 다른 반지는 제 남편이 사준 반지가 아니지 않습니까?"

어린 왕자는 여자에게 물었습니다.
"그렇다면, 남편은 너에게 왜 반지를 사 주었을까?"

여자는 얼굴을 붉히며 말했습니다.
"그야 사랑하니까 사 주었지요."

어린 왕자는 고개를 끄덕이며 말했습니다.
"그래. 그럼 그 반지는 사랑의 증거구나?"

여자는 고개를 끄덕이며 대답했습니다.
"네. 그렇습니다."

어린 왕자는 다시 물었습니다.
"그럼 반지의 가치는 얼마냐?"

여자는 망설이며 대답했습니다.
"이 반지의 가치는 세상 무엇을 줘도 바꿀 수 없는 정도의 가치입니다."

어린 왕자는 놀라며 말했습니다.
"왜 그렇지? 도대체 왜 그렇지? 세상 모든 것에는 가치가 있어. 그래서 시장에서 그 가치만큼의 돈을 주고 사는 거지. 그런데 왜 너는 시장에서 말 한 마리의 가치가 있는 것을 세상 어떤 것과도 바꿀 수 없다고 하는 거지?"

여자가 대답했습니다.
"그건 잘 모르지만, 이 반지에는 남편의 사랑이 담겨 있기 때문이에요."

어린 왕자가 말했습니다.
"너는 그 반지를 말 한 마리의 가치로 느끼지 않고, 남편의 사랑의 가치로 받아들이는구나. 그러니까 가치는 주는 사람의 사랑과 받는 사람의 감사의 깊이로 정해지는 것이로구나."

여자는 고개를 끄덕였습니다.

깊은 깨우침에 다가선 어린 왕자는 여자에게 물었습니다.
"네가 가지고 있는 다른 것들은 어때?"

여자는 말했습니다.

"그냥 평범한 것들이지요."

어린 왕자가 말했습니다.
"그 옷은 어디서 났어?"

"제가 샀습니다."

"왜 샀어?"

"예뻐 보여서 샀습니다."

"왜 예뻐 보이고 싶어?"

여자는 수줍은 듯 말했습니다.
"사랑받고 싶어서요."

"왜 사랑받고 싶어?"

"그럼, 행복하니까요."

어린 왕자는 질문을 이어갔습니다.
"그 신발은 어디서 났어?"

"이것도 제가 산 것입니다."

"그건 왜 샀어?"

"발을 보호하기 위해서 샀습니다."

"왜 발을 보호해야 하지?"

"신발을 신지 않으면 발이 다칠 수 있으니까요."

"왜 발이 다치면 안 되는 거지?"

"발이 다치면 아프잖아요."

"왜 아프면 안 되는 거지?"

"제가 다치면 슬퍼하는 사람이 있어요."

"왜 슬퍼하지?"

"저를 사랑하니까요."

"그렇다면 네가 옷을 산 이유는 사랑받기 위해서고, 신발을 산 이유는 사랑하는 사람이 너 때문에 슬퍼하지 않게 하기 위해서구나?"

여자는 고개를 끄덕였습니다.

어린 왕자는 다시 질문을 했습니다.
"그럼, 네가 가진 모든 것들은 사랑의 증거구나?"

여자가 고개를 끄덕이며 대답했습니다.
"네, 왕자님 말씀을 듣고 보니 그러네요."

왕자는 다시 여자에게 물었습니다.

"그럼 네가 가진 사랑의 증거 중에 가장 가치 있는 것은 무엇이냐?"

여자는 조금의 망설임도 없이 대답했습니다.
"제 아기입니다."

어린 왕자는 놀란 표정으로 말했습니다.
"정말 그렇구나. 네 아기야말로 진정으로 사랑의 증거구나."

한참 놀란 생각으로 있던 어린 왕자가 의미심장한 표정으로 다시 물었습니다.
"그럼, 너는 어떠냐?"

여자가 감동한 얼굴로 말했습니다.
"저도 사랑의 증거네요."

어린 왕자는 혼잣말처럼 여자에게 말했습니다.

"세상의 모든 것은

사랑의 증거로구나."

어린 왕자는 여자들과 헤어져 스승에게 왔습니다.
그리고 여자들과 있었던 이야기를 다 하고 스승에게 말했습니다.
"스승님. 세상의 모든 것은 모두 사랑의 증거예요."

스승이 말했습니다.
"왕자님 말씀을 듣고 나니 정말 그렇습니다. 왕자님은 정말 지혜로우십니다. 그런데 왕자님, 세상에는 아름답지 못한 것들도 있지 않습니까? 예를 들자면 도둑질, 살인, 강도, 그런 것들도 사랑의 증거라고 할 수 있나요?"

어린 왕자가 말했습니다.
"네, 스승님. 그것도 사랑의 증거예요. 사랑이 없으면 악해지잖아요. 그래서 사랑의 확실한 증거가 되지요."

스승은 고개를 끄덕이며 말했습니다.
"정말 그렇군요. 그러면 숲이며 산이며 들이며, 이 세상의 다른 것들은 어떤가요?"

어린 왕자가 말했습니다.
"생명을 가진 모든 것들은 다 사랑의 증거예요. 그리고 생명이 없는 돌멩이도 모두 사랑의 증거예요. 왜냐면 그런 것들이 어우러져 사람과 세상을 지키고 있잖아요. 그러니까 사랑의 증거들을 지키는 증거들이죠."

Chapter 14.
사랑의 이유를 묻다

어린 왕자는 스승과 대화를 하다가 문득 궁금한 것이 생겼습니다.
"스승님, 그런데 왜 사람은 사랑을 하나요?"

스승은 이야기했습니다.
"글쎄요, 그게 가장 자연스러워서 그런 것이 아닐까요?"

어린 왕자는 고개를 갸우뚱거리며 말했습니다.
"사람들에게 물어볼래요."

어린 왕자는 시장으로 나가서 사람들을 만났습니다.

연인을 만난 어린 왕자는 그들에게 물었습니다.
"두 사람은 왜 서로 사랑하는가?"

여자가 이야기했습니다.
"사랑하면 행복하니까요."

왕자가 물었습니다.

"사랑하지 않으면 불행해?"

여자가 다시 대답했습니다.
"네, 외롭고 불행하지요."

어린 왕자는 남자에게 물었습니다.
"당신은 왜 사랑하지?"

남자가 대답했습니다.
"여자가 행복해 하니까 사랑합니다."

어린 왕자는 다시 물었습니다.
"여자가 행복하면 뭐가 좋은데?"

"저도 행복해요."

"그럼, 사랑하지 않으면 어떻게 될까?"

"사랑하지 않으면, 여자가 슬퍼하고, 저도 외롭고 슬퍼요."

어린 왕자는 호기심 어린 눈빛으로 다시 물었습니다.
"왜 외롭지?"

"그야 혼자니까 외롭죠."

"왜 혼자면 외로운 거지?"

"사람은 혼자 있으면 외로워요."

"그래, 그렇지. 세상의 모든 생명들은 다 외로울지도 몰라. 그래서 사랑을 하는 건가?"

어린 왕자는 더욱더 호기심 어린 눈빛으로 질문을 이어갔습니다.
"왜 신은 우리를 사랑하지 않으면 외롭게 만들어 놓았을까?"

두 사람은 아무 대답도 하지 못했습니다.

어린 왕자는 시장에서 달걀을 파는 가게 주인을 만났습니다.

"당신은 왜 신이 우리를 사랑하지 않으면 외롭게 만들어 놓았는지 알아?"

"저 같은 장사꾼이 그런 것을 어떻게 알겠습니까? 단지 저는 닭들이 사랑하지 않으면 달걀을 얻을 수 없다는 것은 알지요."

어린 왕자는 주인장의 이야기에서 뭔가를 깨우친 듯 빛나는 눈빛으로 질문했습니다.
"닭들이 서로 사랑한다고? 그래서 달걀을 얻는다고?"

주인은 말했습니다.
"저 같은 사람이 뭘 알겠습니까? 다만, 사람도 서로 사랑하면 새 생명이 나오는 것처럼 닭들도 서로 사랑하니까 달걀을 낳는 것이 아닐까 하는 생각에서 왕자님께 그렇게 말씀드린 거지요."

어린 왕자는 달걀 가게 주인의 말을 깊이 생각해 보았습니다.

'우리가 사랑하는 이유는 외로워서이고, 외로운 이유는 사랑하라고 외로운 건가? 그럼 사랑하는 이유는 또 뭔가? 그건 외로워서지. 외로운 이유는 사랑하라고. 사랑하면 생명이 생기고.'

이렇게 꼬리에 꼬리를 무는 질문과 답들이 계속 반복될수록 어린 왕자는 점점 미로에 빠지는 것 같았습니다.
그렇게 깊은 생각에 잠겨 시장을 걷고 있을 때, 어린 왕자는 갓난아이를 보며 얘기하고 있는 부부를 만났습니다.

"여보, 당신을 꼭 닮았어."

"아니야, 눈은 당신을 닮았는걸."

부부의 행복한 대화에 어린 왕자가 끼어들었습니다.
"너희는 서로 사랑해서 결혼하고 아이를 낳았겠지? 아이는 너희에게 무슨 의미지?"

남편이 말했습니다.
"예, 저의 분신이죠."

어린 왕자가 말했습니다.
"분신? 분신이 뭐지?"

"분신은 저와 동일한 다른 몸을 말하죠."

"너와 같다고?"

"그럼요, 저랑 꼭 닮았잖아요."

어린 왕자는 호기심 어린 눈으로 물었습니다.
"너랑 꼭 닮은 누군가가 세상에 생겼다는 것은 무슨 의미일까?"

남자가 대답했습니다.
"이 아이가 크면 제가 저랑 꼭 닮은 저에게 말을 걸게 될 거에요. 얼마나 신기해요?"

어린 왕자가 말했습니다.
"그러니까 아이가 크면, 너는 작은 너와 말을 하게 되는 거구나?"

"그런 셈이죠."

"하지만 아이들은 말을 잘 안 듣고 너를 귀찮게 할 텐데, 그래도 행복할까?"

"왕자님의 부모님은 어떠세요?"

"우리 부모님은 행복해 하시지. 그러고 보니 정말 힘들 텐데도 행복하구나. 그런데 아이들이 말을 안 듣고 힘들게 하는 것은 사실이잖아?"

여자가 대답했습니다.
"왕자님. 그래서 어른들이 '너하고 똑같은 아이 나아서 키워 봐라' 그런 말씀을 하시는가 봐요."

어린 왕자가 말했습니다.
"그래, 그거구나. 똑같은 아이를 낳아 그와 이야기하면서 자신을 키우는 거구나. 그러니까 **외로워서 사랑을 하고, 사랑을 하면 새 생명을 낳게 되는데, 그 새 생명은 '어린 나'**, 그러니까 어리석은 '나'와 이야기하며 그에게 지금까지 내가 배운 지혜를 알려주고 그러고 나서 늙어서 사라지는 거구나. 새로운 나를 세상에 남겨두기 위해 우리는 사랑을 하는 거였어."

어린 왕자는 약간의 슬픔과 깊은 깨달음을 간직한 채 그들과 헤어졌습니다.

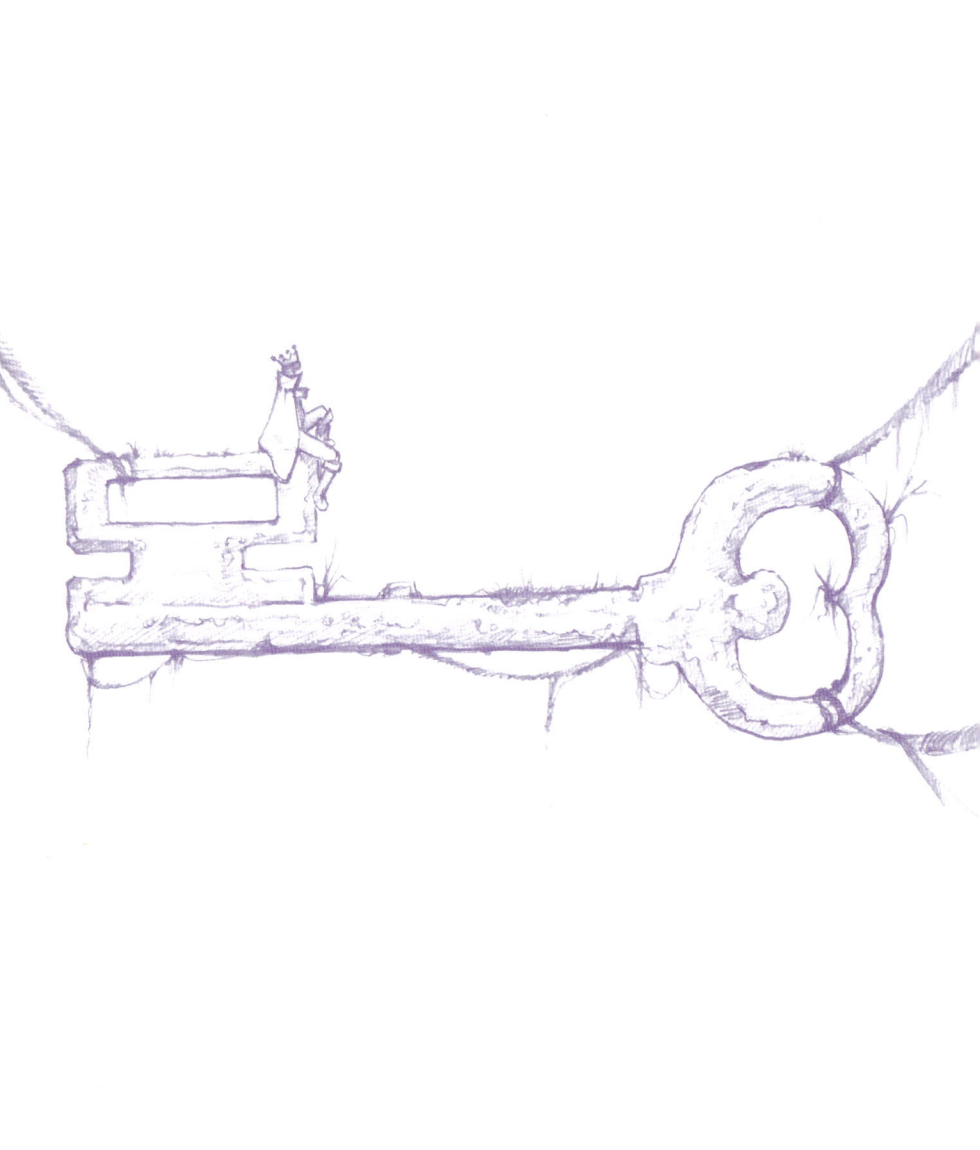

Chapter 15.
사랑의 파장을 알다

궁에서 산책을 하던 어린 왕자는 시녀와 그녀의 열 살 난 아이가 행복하게 지내는 모습을 보고 아이에게 사탕을 하나 주려고 다가가다가 어린 왕자처럼 두 사람을 보고 있는 열 살 난 아이의 동생을 보게 되었습니다.

어린 왕자는 혹시라도 질투하는 마음에 그 아이의 동생이 화난 표정이나, 우는 표정을 짓고 있지 않을까 하는 걱정에 그 아이의 얼굴을 살펴보았습니다. 하지만 그 아이는 얼굴에 행복한 표정을 짓고 자신의 오빠와 엄마를 바라보고 있었습니다.

어린 왕자는 그 꼬마 아이에게 물었습니다.
"꼬마야."

꼬마는 깜짝 놀라 예를 갖추고 왕자에게 대답했습니다.
"네, 왕자님."

"너는 너의 오빠와 엄마가 행복하게 지내는 모습을 보니까 기분이 좋으니?"

꼬마가 귀엽게 대답했습니다.
"네, 행복해요."

"이상하구나. 행복한 것은 너의 엄마와 오빠인데 너는 단지 그것을 보는 것만으로도 행복하구나. 왜 그럴까?"

꼬마 아이는 대답했습니다.
"그냥, 행복해요. 어떤 때는 화가 날 때도 있는데, 오늘은 그냥 엄마랑 오빠가 행복해 하는 모습을 보는 게 저도 행복해요."

어린 왕자는 꼬마 아이에게 사탕 하나를 건네주고, 깊은 생각에 빠졌습니다.
'사랑은 보이지 않지만 주위에 영향을 미치고 있어.'

길을 걷다가 어린 왕자는 연못 옆에 자신이 서 있는 것을 발견하게 되었습니다. 연못을 물끄러미 바라보고 있을 때, 연못 옆의 개구리 한 마리가 연못 안으로 뛰어들었습니다.

'퐁당' 소리와 함께 개구리가 뛰어든 연못 자리에 파장이 일었습니다. 파장은 개구리가 뛰어든 연못의 한 점에서 시작해 점점 가장자리로 번져 갔습니다. 연못 위에 떠 있던 소금쟁이도 파장에 의해 울렁거리며 움직였고, 물위에 떠 있던 잎사귀도 따라서 춤을 췄습니다.

어린 왕자는 그 모양을 물끄러미 보면서 말했습니다.
"사랑이 파장을 일으킨 건가?"

어린 왕자는 궁으로 돌아왔습니다.
궁에서는 왕과 왕비가 이야기를 나누고 있었습니다.

어린 왕자가 들어오자 왕비는 어린 왕자를 꼭 안아주었습니다. 어린 왕자가 왕비의 품에 안겨서 행복한 표정으로 왕을 바라보았습니다. 왕은 흐뭇한 표정으로 왕비와 어린 왕자를 바라보았습니다.

어린 왕자는 왕에게 다가가서 물었습니다.
"아바마마, 제가 어마마마의 품에 안겨 있을 때 아바마마도

행복했나요?"

"그럼, 당연하지."
왕이 대답했습니다.

"안겨서 행복한 건 저인데, 왜 아바마마가 행복하셨을까요?"

"그건 내가 두 사람을 사랑하니까 사랑하는 사람들이 서로 사랑하는 모습이 행복한 것 아니겠니?"

어린 왕자는 미소를 띠며 말했습니다.
"그렇군요. 아바마마, 사랑한다는 것은 파장을 일으키는 거네요. 엄마와 저의 사랑이 파장을 일으켜서 아바마마까지 행복하게 한 거예요. 제 생각이 맞아요, 그렇죠?"

왕은 깊이 이해하지는 못했지만, 어린 왕자의 기특한 생각에 맞장구를 쳐주었습니다.
"그래. 영특한 우리 왕자가 사랑의 의미를 깨달았구나."

어린 왕자는 또 물었습니다.

"그런데 아바마마, 만약에 동생이 이 모습을 보고 화가 난다면 그건 왜 그럴까요? 사랑이 파장이 있는 것이라면 사랑의 파장이 동생에게도 갔을 텐데, 왜 동생은 행복하지 않고 화가 날까요?"

왕은 잠시 생각에 잠겨 있다가 말했습니다.

"글쎄다. 그럼 사랑은 파장이 아닌가?"

어린 왕자가 말했습니다.

"다른 사람들도 파장을 느끼는 걸 보면 사랑에는 분명 파장이 있어요."

왕이 이야기했습니다.

"하지만 그걸 못 느끼거나, 오히려 사랑이 생기는 것이 아니라 질투가 생기는 사람도 있는 걸 보면, 사랑에 파장이 있는 것이 아니라 받는 사람이 느끼는 것에 따라 달라지는 게 아닐까?"

어린 왕자가 다시 말했습니다.
"그렇지만, 사랑의 파장이 없었다면 어떻게 그것을 사랑으로 혹은 질투로 느낄 수 있을까요?"

왕비가 끼어들며 말했습니다.
"음. 내 생각에도 사랑의 파장은 분명히 있는 것 같아. 하지만 사람들에게는 저마다 마음이 있잖아? 그 마음대로 받아들이는 게 아닐까?"

어린 왕자는 갑자기 좋은 생각이 난 듯 말했습니다.
"맞아요! 그런 것 같아요. 마음은 마음을 정하지 않으면 자기 마음대로 해버려요. 그래서 어떤 때는 사랑의 파장을 느끼고 행복하게 할 수도 있고, 어떤 때는 질투로 바꾸어서 화가 나게도 하지요."

왕비가 맞장구를 치며 말했습니다.
"그래. 그런 것 같다. 저마다 가지고 있는 마음이 사랑의 파장을 완전히 무시해서 없애버리고, 스스로 화를 입는구나. 마음이 자기만의 공간을 만들어서 자신을 가두는 거구나?"

어린 왕자와 왕비가 맞장구를 치며 기뻐하는 모습에 왕도 흐뭇한 미소를 지었습니다.
"어마마마 말씀을 듣고 나니까, 사랑은 파장을 가지고 있는 게 분명해요. 그 파장도 우리 마음대로 긍정적으로도 부정적으로도 바꿀 수 있고요. 마음은 정말 신기한 것 같아요."

어린 왕자의 말에 왕비는 어린 왕자를 꼭 안으며 여느 때처럼 말했습니다.
"왕자야, 사랑해."

어린 왕자의 가슴에는 사랑의 파장이 울려 퍼졌습니다.
어린 왕자는 어마마마를 살짝 밀어내며 말했습니다.
"어마마마께서 방금 저에게 사랑해라고 말하실 때 생각한 건데요. 모든 것을 사랑으로 바꾸는 주문을 알아냈어요. 이 주문은 저도 사랑의 파장으로 감싸줄 수 있을 뿐 아니라 저에게 오는 모든 것들을 사랑의 파장으로 바꿔 주는 주문이에요."

왕비는 신기한 듯 물었습니다.

"우리 왕자가 또 신기한 것을 만들어냈구나. 그게 뭐니?"

어린 왕자는 천진한 웃음을 지으며 말했습니다.
"'사랑해'라는 말을 늘 마음속으로 외치는 거예요. 그리고 상상하는 거죠. '사랑해'가 온몸으로 퍼져간다고, 마치 물에서 파장이 이는 것처럼 말이에요."

왕비는 다시 어린 왕자를 안으며 말했습니다.
"사랑해."

Chapter 16.
자신을 사랑하는 법을 배우다

왕은 늘 어린 왕자에게 말했습니다.
"왕자야, 자신을 먼저 사랑해야 하는 거란다."

어린 왕자는 자신을 사랑한다는 말이 무엇인지 늘 궁금했지만, 어느 때부터인가 그냥 당연하게 생각하는 그런 말이 되었습니다.

그냥 당연하게 생각되었던 그 말에 어린 왕자는 의문이 생겼습니다. 그래서 왕에게 물었습니다.
"아바마마, 그런데 자신을 사랑한다는 것이 도대체 뭔가요?"

왕이 대답했습니다.
"그건, 먼저 너를 귀하게 여겨야 된다는 거다. 네가 가진 원대한 꿈을 사랑하고, 네 몸을 사랑하고, 네 생각을 사랑하고, 그런 다음에라야 남도 사랑할 수 있다는 거지."

어린 왕자는 대답했습니다.
"그런데 아바마마. 자기가 자기를 사랑한다는 것은 다른 사람들에게는 이기적일 수도 있는 거군요?"

왕이 대답했습니다.

"그럴 수도 있지만, 너는 왕자니까 그것이 나라를 위하는 길이기도 하단다."

어린 왕자는 고개를 끄덕였지만, 완전히 동의할 수 있을 것 같지는 않았습니다.

어린 왕자가 스승에게 왔을 때, 스승은 동네 아이들에게 이야기를 들려주고 있었습니다.

"옛날에 어떤 사람이 겨울에 친구 두 명과 함께 산에 갔단다. 그런데 그만 산에서 길을 잃고 말았지. 산에서 길을 잃고 헤매다가 그만 한 친구가 발을 잘못 디뎌서 절벽 아래로 떨어지고 말았단다. 친구 둘은 상의를 했단다. 한 친구는 절벽에 떨어진 친구를 구해야 한다고 이야기했지만, 다른 한 친구는 저녁이 되기 전에 빨리 내려가지 않으면 모두 얼어 죽고 말 거라고 그냥 가자고 했단다. 그래서 한 친구는 절벽을 내려와 떨어진 친구를 업고 산을 내려오는 길을 택하고, 한 친구는 다른 길로 산을 내려오게 되었지."

아이들은 넋을 잃고 이야기를 듣고 있었고, 어린 왕자도 흥미롭게 그 이야기를 들었습니다.

"그런데 얘들아. 어떻게 되었는지 아니?"

아이들이 소리쳤습니다.
"빨리 이야기해주세요."

스승은 자상한 표정으로 결론을 이야기해주었습니다.
"절벽에 떨어진 친구를 업고 온 친구는 무사히 집에 돌아왔고 절벽에 떨어졌던 친구도 목숨을 건졌지만, 혼자 내려오던 친구는 산에서 길을 잃고 얼어 죽고 말았단다."

아이들은 눈을 동그랗게 뜨고 스승을 지켜보았습니다.

"왜 그랬을까?"

스승의 물음에 한 아이가 손을 들고 대답했습니다.
"업고 내려왔기 때문에 서로 땀이 나서 얼어 죽지 않았어요."

스승은 흐뭇한 미소로 말했습니다.
"그래, 맞았다. 그런데 길은 어떻게 알았을까? 다른 친구는 길을 잃고 죽었잖니?"

아이들이 대답을 못하고 있을 때 어린 왕자가 말했습니다.
"업혀 있던 친구가 길을 알고 있었어요."

스승은 말했습니다.
"그럴 수도 있겠네요. 하지만 정답이 있어요.
절벽 옆으로 길이 있었어요.
길은 늘 시련 속에 있는 것처럼 말이에요."

어린 왕자는 스승에게 물었습니다.
"스승님, 자신을 사랑한다는 것이 무엇입니까?"

스승은 말했습니다.
"왕자님이 이 이야기에서 느끼신 것이 답이지요."

왕자는 다시 물었습니다.

"진정으로 자신을 사랑한다는 것이 무엇입니까?"

스승은 다시 대답했습니다.
"왕자님께서 이 이야기에서 진정으로 느낀 것이 무엇입니까?"

왕자가 다시 말했습니다.
"진정으로 자신을 사랑하는 것은 남을 사랑하는 것입니까?"

스승이 대답했습니다.
"사랑은 혼자서는 안 되는 것 같습니다. 둘이라야 되지 않을까요?"

왕자가 말했습니다.
"진정으로 나를 사랑하는 것은 남이 나를 사랑하게 하는 거군요?"

스승은 밝은 뭔가가 머리를 스치는 듯 말했습니다.
"남이 나를 사랑하게 만들려면 어떻게 해야 하나요?"

다시 왕자가 말했습니다.
"내가 먼저 사랑해 주면 되나요?"

스승이 다시 물었습니다.
"사랑을 주면 무슨 일이 일어나나요?"

어린 왕자는 미소를 지으며 물었습니다.
"사랑을 주려고 하면 그 순간 내 안에 사랑이 생겨나는 거군요? 내 안에 사랑이 생겨나는 순간 벌써 내가 나를 사랑하고 있는 거군요?"

스승과 어린 왕자는 눈이 붉어질 정도로 깊은 깨달음에 서로를 껴안았습니다.

Chapter 17.
남을 사랑하는 법을 배우다

어린 왕자는 스승과 답이 없이 묻기만 하는 대화를 이어갈수록 끝없는 질문과 끝없는 깨달음에 다다를 수 있다는 사실을 깨달았습니다.

어린 왕자는 스승에게 다시 물었습니다.
"그런데 스승님. 남을 진정으로 사랑한다는 것은 어떻게 사랑하는 것입니까?"

스승이 대답했습니다.
"하하하, 왕자님. 제가 어찌 그것을 압니까? 사람들에게 물어보시는 게 어떨까요?"

어린 왕자는 스승에게 살짝 장난을 쳤습니다.
"스승님이 아는 게 없으면 어찌 스승이라고 할 수 있습니까?"

스승이 대답했습니다.
"하하하, 왕자님. 저는 왕자님을 스승으로 생각합니다."

왕자는 함박웃음을 웃으며 밖으로 나갔습니다.

밖으로 나온 어린 왕자는 처음으로 만난 젊은 연인에게 물었습니다.
"너희는 서로 사랑하는 사이니?"

두 사람은 동시에 그렇다고 대답했습니다.

어린 왕자는 다시 물었습니다.
"언제 진정으로 사랑받는다고 느끼지?"

여자가 대답했습니다.
"남자가 저에게 선물을 사줄 때 사랑받는다고 느낍니다. 왕자님."

남자가 대답했습니다.
"저는 여자가 저를 위해 기도하고 있을 때 진심으로 사랑받는다고 느낍니다. 왕자님."

어린 왕자가 말했습니다.
"그러니까, 두 사람은 서로를 위해 희생할 때 서로 사랑한다고 느끼는구나?"

젊은 연인은 동시에 대답했습니다.
"네. 그런 거 같아요."

어린 왕자는 길을 가다가 정말 못생긴 여자와 잘생긴 남자가 연인처럼 걸어가는 모습을 보았습니다.
어린 왕자는 그들에게 다가가서 물었습니다.
"너희는 서로 연인 사이니?"

두 사람은 그렇다고 대답했습니다.

어린 왕자가 의아한 표정을 짓자 여자가 말했습니다.
"왕자님, 제가 못생겼는데, 이렇게 멋진 남자를 만나고 있는 것이 이상해서 쳐다보시는 거죠?"

어린 왕자는 차마 자신의 입으로 물어보지 못한 말을 하는 여자의 용기에 살짝 놀라며 이렇게 물었습니다.
"으응, 그래. 네가 먼저 말해줘서 고맙다. 하지만 정말 궁금해서 그러는데 어떻게 너희는 서로 연인이 되었니?"

남자가 대답했습니다.
"제가 먼저 사귀자고 했습니다."
여자가 말했습니다.
"다른 사람들은 다들 저를 못생겼다고 이야기했지만, 이 사람은 늘 저를 따뜻하게 사랑해 주었어요."

어린 왕자는 용기를 내서 또 물었습니다.
"음. 너에게는 미안하지만 내가 꼭 필요해서 그런 것이니 대답해줘. 여자가 못생겼다는 생각은 안 해 봤니?"

여자가 깔깔거리며 웃더니 남자에게 말했습니다.
"괜찮아요. 저는 아무렇지도 않아요. 그런 이야기는 수도 없이 들었어요. 하지만 이 사람은 제가 예쁘데요. 그렇지?"

여자의 질문에 남자는 너무나 자연스럽게 말했습니다.
"그럼. 세상에서 제일 아름답지."

어린 왕자는 호기심 어린 눈으로 다시 물었습니다.
"어디가 예쁜데?"

남자는 미소 지으며 말했습니다.
"눈도, 코도, 모든 것이 다 예뻐요."

어린 왕자는 여자를 다시 쳐다보았습니다. 하지만 어린 왕자는 여자에게서 예쁜 구석을 어느 것 하나 찾아볼 수가 없었습니다. 그래서 남자가 정신이 이상한 것이 아닐까 하는 생각을 했습니다.

하지만 그들의 행복한 모습은 너무나 아름다워 보였습니다.

어린 왕자가 그들과 헤어지고 한참을 걷고 있는데, 장님 남자와 예쁜 여자가 길을 걷고 있었습니다.
그들도 연인으로 보였습니다.

어린 왕자는 이번에도 호기심이 발동했습니다.
"너희는 서로 사귀는 사이니?"

왕자의 물음에 연인은 예를 갖추고 대답했습니다.
"네, 그렇습니다. 왕자님."

왕자는 물었습니다.
"그런데 남자는 눈이 보이지 않는데 어떻게 사귀게 되었어?"

남자가 말했습니다.
"저는 원래 눈이 먼 것이 아니라, 1년 전에 갑자기 눈에 병이 와서 앞을 못 보게 되었습니다. 그래서 여자에게 떠나라고 했지만, 여자는 이렇게 제 곁을 지키고 있습니다."

왕자가 여자를 쳐다보자 여자가 대답했습니다.
"왕자님. 저는 이 남자를 사랑한 것이지 이 남자의 눈을 사랑한 것이 아니잖아요. 눈이 없어도 이 남자는 변함없이 제 사랑이에요."

어린 왕자의 애처로운 눈빛을 짐작이라도 한 것처럼 남자가 말했습니다.
"왕자님, 저는 정말 행복합니다. 제가 눈이 보일 때보다 더 행복합니다. **눈이 보일 때는 보이지 않던 것들이 보이기 때문입니다."**

어린 왕자는 궁금해졌습니다.
"눈이 보일 때 보이지 않던 것들이 보인다고? 그게 뭔데?"

어린 왕자의 호기심에 찬 물음에 남자가 대답했습니다.
"눈이 보일 때는 보이지 않던 사람들의 마음이 보입니다. 눈이 보일 때는 여자의 좋지 않은 점들이 보였는데, 지금은 그냥 사랑스럽기만 하고 그 마음이 너무 아름다워 보입니다."

어린 왕자가 말했습니다.
"그건 여자가 네 곁을 떠나지 않고 지켜주고 있기 때문이 아닐까?"

남자가 말했습니다.
"그렇죠. 여자가 그 마음을 보여주고 있어요. 하지만 제가 앞이 보였을 때는 여자의 마음이 보이지 않았죠. 서로 티격태격 다투기 일쑤였거든요."

어린 왕자는 여자를 보고 말했습니다.
"너는 어떻게 남자를 떠나지 않고 곁에 있게 되었어?"

여자가 대답했습니다.
"저도 처음에는 참 막막했어요. 하지만 살면서 만나게 되는 많은 사람들 중에도 몸은 멀쩡하지만 마음이 병든 사람들이 많잖아요? 그런 점에서 보면 앞이 안 보이는 것쯤은 별것 아닌 것처럼 느껴졌어요."

어린 왕자는 여자에게 물었습니다.
"너도 남자의 마음이 보이니?"

여자가 대답했습니다.
"꼭 눈에 보이지는 않지만, 느낄 수 있으니 보인다고 하는 게 맞겠죠?"

어린 왕자는 여자를 보고 말했습니다.
"하지만 네가 언젠가는 남자를 떠날 수도 있잖아?"

여자가 말했습니다.
"왕자님, 왕자님도 언젠가는 죽겠죠?"

어린 왕자는 조금 당황해하며 대답했습니다.
"그렇지. 누구나 죽으니까."

여자가 말했습니다.
"하지만 내일 죽을 것처럼 오늘을 살진 않잖아요?"

어린 왕자는 여자에게 말했습니다.
"너는 내가 만난 여자 중에 가장 지혜롭다. 네가 남자의 마음을 볼 수 있는 이유를 이제야 알겠어. 오늘 네가 준 지혜를 마음에 간직할게."

어린 왕자는 스승에게 돌아와 거리에서 만난 세 쌍의 연인에 대한 이야기를 들려주었습니다.

스승은 어린 왕자에게 물었습니다.
"왕자님. 그래서 남을 진정으로 사랑하는 것이 무엇이라고 배우셨습니까?"

어린 왕자는 대답했습니다.
"상대방의 마음을 보고. 그것에 말을 걸고. 그 마음이 원하는 것을 해주기 위해 기꺼이 자신의 것을 희생하는 것이 진정으로 남을 사랑하는 것 같아요."

스승은 다시 어린 왕자에게 물었습니다.
"그런데 왕자님. 상대방의 마음을 보기 위해서는 어떻게 해야 하나요?"

어린 왕자는 스승의 질문에 갸우뚱거리며 말했습니다.
"그건 그냥 자세히 보면 보이지 않나요?"

스승은 미소를 지으며 어린 왕자를 바라보았습니다.

Chapter 18.
마음에 다다르는 길을 묻다

스승과 헤어져 궁으로 돌아오는 길 내내 어린 왕자는 오늘 배운 지혜보다 훨씬 더 큰 궁금증을 갖게 되었습니다.
'상대방의 마음을 보고 말을 걸기 위해서는
어떻게 해야 할까?'

어린 왕자는 어떻게 궁에 왔는지 기억도 나지 않았습니다.

어린 왕자는 궁 안의 점성술사를 찾아갔습니다.
"상대방의 마음을 보고 말을 걸기 위해서는
어떻게 하면 되는 걸까?"

점성술사는 말했습니다.
"왕자님, 별을 보기 위해서는 큰 망원경이 필요하지요. 마음을 보기 위해서도 마음을 볼 수 있는 도구가 필요할 거 같은데요."

점성술사의 말에 어린 왕자는 투정 섞인 어투로 말했습니다.
"그러니까, 그런 도구가 뭐냐고?"

점성술사가 물었습니다.
"왕자님. 왕자님의 마음을 가장 잘 헤아리는 사람은 누구입니까?"

"그건 당연히 어마마마지."

"그럼 왕비님께 한번 물어보세요. 왕비님께서는 왕자님의 마음을 볼 수 있는 특별한 도구가 있을지도 모르잖아요?"

어린 왕자는 뭔가 번뜩이는 느낌으로 왕비에게 달려갔습니다.
"어마마마, 어마마마께서는 제가 무슨 생각을 하는지 알 정도까지 제 마음을 잘 아시죠?"

왕비가 대답했습니다.
"그렇지. 나는 네 마음을 잘 알지."

어린 왕자는 왕비를 보채며 물었습니다.
"그러니까 어마마마는 어떻게 그렇게 할 수 있느냐고요? 무슨 도구를 사용하나요?"

왕비는 웃으며 말했습니다.
"글쎄? 그냥 넌 나와 같으니까. 너를 생각하는 동안 내 마음속에는 너밖에 없으니까."

어린 왕자가 호기심 가득 찬 눈으로 말했습니다.
"어마마마의 마음속에 나만 있다고요?"

"응, 그렇지."

"그럼, 어마마마는 저를 만나기 전에 먼저 어마마마의 마음을 만나는 거군요?"

왕비는 고개를 갸우뚱거렸습니다.

어린 왕자는 말을 이어갔습니다.
"그러니까 어마마마는 제 마음과 이야기하기 전에 먼저 어마마마의 마음까지 가시는 거예요. 어마마마가 다른 사람들을 대할 때는 감정이나 이성이 그 사람들을 판단하기 때문에 그들의 옳고 그름이나 좋고 나쁨이 의미가 있지만, 사랑하는 사람을 대할 때는 기꺼이 자신의 마음에 다가가게 되죠. 그리고 그럴 때만이 상대방의 마음과 이야기를 나누게 돼요. 그러니까 어마마마가 마음에 다다르면, 그리고 제 마음에 말을 거는 순간 어마마마의 마음에는 어마마마는 없고 저만 있게 되죠. 그게 바로 사랑이에요."

어린 왕자는 말을 이었습니다.
"사랑은 내가 없고 상대방만 마음속에 있는 상태를 말하는 거였어요. 사랑한다면 내가 없고 그 사람만 있는 것. 그래서 그를 위해 아낌없이 희생할 수 있는 거였어요. 그래서 거리에서 만난 연인들이 못생기고, 앞이 안보이지만, 기꺼이 자신을 희생한다는 생각 없이도 사랑할 수 있는 거였어요."

왕비는 어린 왕자가 기특해서 머리를 쓰다듬어 주었습니다.

Chapter 19.
신을 만나다

어린 왕자가 궁을 지나다가 우연히 눈물을 흘리며 기도하고 있는 여자를 보았습니다. 어린 왕자는 그 사연이 궁금해서 기도가 끝나기를 기다렸다가 여자에게 물었습니다.
"내가 가만히 지켜보았는데, 너는 무엇 때문에 그렇게 간절히 기도를 하고 있었지?"

여자는 예를 갖추고 대답했습니다.
"네, 왕자님. 저는 지금 신을 만나고자 기도를 드리고 있었습니다."

어린 왕자는 호기심 어린 눈빛으로 계속해서 질문을 이어갔습니다.
"신을 만나기 위해 기도를 한다고? 그럼 너는 신을 만났느냐?"

여자는 잠시 당황한 듯하다가 대답을 이어갔습니다.
"제가 기도를 하면, 신께서 듣고 계시지요."

"신이 듣고 있다는 것을 어떻게 알지?"

"그건 제가 성심을 다해서 기도하면 늘 들어주시거든요. 저는 신을 믿어요. 물론 왕자님 말씀처럼 신이 제 기도를 듣는지 듣지 않는지 당장은 알 수 없지만, 제 기도가 이루어지는 것을 보면, 신이 제 기도를 듣고 계신 것이 분명해요."

"그래? 그럼 너는 지금 무슨 기도를 하고 있었지?"

"네, 저는 친구에게 제 전 재산을 빌려주었다가 받지 못하고 있습니다. 그래서 정말 간절한 마음으로 기도를 드리고 있어요."

"그래, 너는 신께 네가 시련을 극복할 수 있도록 도와달라고 부탁을 드렸구나?"

"네, 신께서는 꼭 제 기도를 들어주실 거예요. 만약 그렇지 않는다면 저는 죽을지도 모르거든요."

"그런데 너는 신께서 어떻게 너의 시련을 해결해 주시기를 바라는 거지?"

"그건 신께서 정하시죠. 제가 그 방법까지 기도 드리진 않아요. 방법은 신께서 정하시죠."

"그래. 나도 너의 기도를 신께서 들어주시기를 빌게."

어린 왕자는 여자를 위로해 주고 난 후 깊은 생각에 사로잡혔습니다. 그리고 어린 왕자는 생각했습니다.
'그래. 시련에 처한 다른 사람들은 그것을 어떻게 해결해 가는지를 물어봐야겠어.'

어린 왕자는 궁 밖으로 나가 가난한 사람들이 사는 동네로 갔습니다. 개울에서 빨래를 하고 있는 주름이 깊게 파인 나이 든 여자들을 만났습니다. 그리고 그 나이 든 여자들에게 물었습니다.
"그대는 사는 동안 큰 시련을 겪은 적이 있는가? 있었다면 그것을 어떻게 극복했는지 나에게 이야기해줄 수 있는가?"

나이 든 여자 하나가 예를 갖추고 어린 왕자에게 대답했습니다.

"네, 왕자님, 저희 같은 사람들에게는 늘 시련이 따라다니지요. 그 시련의 시기마다 저희 자녀들을 생각하며 힘을 내고 이겨냈습니다."

어린 왕자는 고개를 갸우뚱하며 다시 물었습니다.
"왜 신을 찾지 않았지? 그리고 자녀들이 시련을 이기게 했다고?"

"저는 신이 누구인지도 어디에 계신지도 모릅니다. 신이 있다면 우리를 이렇게 가난하게 살게 하지 않겠죠. 하지만 제가 시련에 무릎을 꿇고 좌절한다면 제 자녀들을 키울 수 없기 때문에 힘을 내서 시련을 이겨내 왔죠."

"신께 기도하지도 않았는데, 시련을 이겨낼 수 있었다고?"

이렇게 어린 왕자가 혼잣말을 하고 있을 때, 옆에서 빨래를 하던 다른 여자가 말했습니다.
"왕자님. 저는 남편이 전쟁터에 가서 오랫동안 돌아오지 못했을 때가 가장 힘든 시련이었습니다. 저에게는 아이들도 없었기에 혼자 농사를 지어 남편의 가족들을 보살펴야 했지요. 육체적으로는 매우 힘든 고난의 시기였는데, 지금은 그 시련을 잘 이겨내고 가난하지만 행복한 가정을 가꾸면서 살고 있습니다. 물론 남편도 무사히 살아서 돌아와 주었지요."

어린 왕자가 물었습니다.
"그런 어려운 시기를 극복할 수 있었던 이유가 있다면 그게 무얼까?"

여자는 엷은 미소를 머금으며 말했습니다.
"그건 좀 부끄러운 이야기지만, 남편이 보내온 편지 때문에 견딜 수 있었어요. 저는 모든 것을 포기하고 싶을 만큼 어려운 고난이 올 때마다 남편의 편지를 꺼내 보았지요. 그러면 저도 모르게 힘이 솟아서 다시 일어나 그것을 이겨낼 수 있었던 것 같아요."

"그럼, 그대도 신을 찾아 기도하지 않고도 시련을 이겨낸 거구나?"

"네. 저도 신이 누구인지 몰라요. 그런데 왕자님. 제 남편이 전쟁에서 돌아와 하는 이야기를 들어보니 남편도 저와 똑같았다고 했어요."

어린 왕자는 호기심 어린 얼굴로 그 여자에게 한 발 더 다가가서 물었습니다.
"뭐라고? 남편도 똑같았다고? 그럼 그대가 남편에게 편지를 보냈고, 그것을 보면서 시련을 이겨냈다는 거냐?"

"아닙니다, 왕자님. 제 남편도 전쟁 중에 부상을 입어 사경을 헤맬 때 그냥 죽는 것이 훨씬 더 낫다는 생각을 했었답니다."

"그래? 그런데?"
어린 왕자는 마치 어린애처럼 여자를 보채며 물었습니다.

"그렇게 사경을 헤매며 삶을 포기하고 싶은 순간마다 저를 떠올렸다고 합니다. 그러면 자기도 모르게 기운이 나면서 살아야겠다는 다짐이 생겼다고 합니다. 그리고 마침내 모든 전쟁이 끝나고 집에 돌아와서는 제게 이야기했습니다. '당신이 있어서 내가 살 수 있었다고. 당신이 내 생명의 은인'이라고 말입니다."

여자는 옛 기억을 떠올리며 감동에 겨워 눈물을 흘렸습니다.

어린 왕자는 그 나이 든 여자를 위로하고 난 후 혼잣말을 했습니다.
"남편도 신을 찾지 않았어. 그러고도 시련을 극복할 수 있었어."

어린 왕자는 모처럼 만난 어려운 문제 앞에서 스승을 떠올렸습니다. 어린 왕자는 스승을 찾아가 오늘 있었던 일을 이야기했습니다. 스승이 엷은 미소를 띠며 어린 왕자에게 말했습니다.
"왕자님. 오늘도 참 재미있는 지혜를 가져오셨군요. 그런데 맨 처음에 만났던 그 여자의 말과 개울에서 만난 여자들의 말 중에 누구의 말이 진실일까요?"

어린 왕자가 대답했습니다.
"글쎄요. 모두 진짜 같아요."

"그럼, 왕자님 말씀은 신을 찾으면 신께서 와서 해결해 주시고, 신을 찾지 않으면 스스로 해결된다는 말씀인가요?"

"문제가 스스로 해결되지는 않아요. 누군가 늘 함께 있죠."

말을 마무리하지 못하고 머뭇거리던 어린 왕자는 갑자기 뭔가를 깨달은 듯 스승을 향해 소리치며 말했습니다.
"사랑이 신이에요."

"네? 그게 무슨 말씀이세요?"

"사랑이 '신'이라구요. **신을 모르는 많은 사람들을 위해 신께서 우리에게 사랑을 주셨어요. 그리고 때로는 자녀들처럼 매우 약한 모습으로 시련 속에 있는 사람들에게 나타나 사랑을 일으켜 그것을 극복하도록 하시고, 때로는 그리움으로 그것을 극복하게 하시는 거예요. 그동안 우리는 신이 사랑이라고 생각했지만, 사랑이 신이었어요. 신은 자신을 굳이 드러내지 않고 사랑의 이름으로 시련에 처한 사람들을 돕고 계셨던 게 분명해요. 사랑이 '신'이에요."**

스승님은 어린 왕자의 지혜에 경의를 표했고, 그날 밤도 평화롭게 별들이 빛났습니다.

Chapter 20.
진짜 자신을 찾다

어린 왕자에게 왕이 강아지 한 마리를 사주었습니다.

강아지는 매우 귀엽게 생겼고, 어린 왕자를 잘 따랐습니다. 어린 왕자는 친한 친구처럼 자신을 따라주는 강아지가 너무 좋았습니다.

그러던 어느 날 고양이 한 마리가 어린 왕자와 함께 있는 강아지 앞에 나타났습니다. 그러자 온순하던 강아지의 모습은 사라지고, 사나운 야수 새끼의 모습으로 변하는 것을 보게 되었습니다.

어린 왕자는 몹시 궁금해졌습니다.
'귀엽고 사랑스러운 강아지가 진짜 모습일까? 아니면 사납고 야수 같은 강아지가 진짜 모습일까?'

어린 왕자는 스승을 찾아가서 강아지 이야기를 하고 물었습니다.
"스승님. 어떤 강아지가 진짜 강아지의 모습인가요?"

스승이 말했습니다.
"왕자님은 어떤 강아지가 진짜 강아지라고 생각하십니까?"

어린 왕자가 대답했습니다.
"글쎄, 잘 모르겠어요. 하지만 특별한 때가 아니면 사납지 않은 것을 보면, 많은 시간 동안 보여주는 모습이 진짜가 아닐까요?"

스승이 말했습니다.
"특별한 때 나오는 모습이 진짜일 수도 있지 않을까요?"

어린 왕자는 고개를 갸우뚱했습니다.

어린 왕자는 거리로 나와서 사람들을 살펴보았습니다.

길에서 한 소년을 만났습니다. 그 소년은 엄마와 함께 있었고, 어린 왕자와 비슷한 또래였습니다. 어린 왕자는 정말 착해 보이는 그 소년을 살펴보기로 했습니다.

엄마와 함께 집에 들어갔던 소년은 잠시 후 혼자 밖으로 나왔습니다. 그런데 친구들을 만난 소년의 모습은 아까 보았던 소년의 모습이 아니었습니다. 얼굴이 매우 불량스럽게 변한 소년은 친구들과 만나서 어디론가 향하고 있었습니다. 물론 친구들의 모습도 비슷하게 모두 불량스러워 보였습니다.

어린 왕자는 조금 당황스러웠지만, 그들이 어디로 가서 무엇을 할 것인지 너무 궁금했습니다. 그래서 그들이 눈치채지 못하게 따라가 보기로 하였습니다.

소년과 그 일당들은 으슥한 골목으로 들어갔습니다. 어린 왕자는 그들이 무엇을 하는지 궁금해서 그 골목을 내려다 볼 수 있는 건물 위로 올라갔습니다.

소년들은 지나가는 나이 어린 소년을 골목으로 불렀습니다. 그리고 어린 소년을 때리고 돈을 빼앗았습니다.

어린 왕자는 깜짝 놀랐습니다. 왜냐하면 그것은 어린 왕자의 강아지가 보여준 것과는 다른 차원의 일이었기 때문입니다. 강아지는 상황이 달라져서 변한 것이었지만, 그 소년은 상황과 관계없이 스스로 두 가지 얼굴을 갖고 있었습니다.

어린 왕자는 얼른 내려와 그들 앞에 섰습니다. 소년들은 어린 왕자를 보고 깜짝 놀라 땅바닥에 엎드려 빌었습니다.

어린 왕자는 그 소년에게 물었습니다.
"나는 너를 네 엄마와 함께 있을 때부터 지켜보았어. 그런데 너는 엄마랑 있을 때는 천사의 얼굴이었는데, 친구들과 있을 때는 악마의 얼굴로 변했어. 진짜 너는 누구니?"

소년은 고개도 들지 못하고 울면서 말했습니다.
"저도 잘 모르겠어요. 엄마랑 함께 있을 때는 저의 모습이 천사이구요. 친구들과 함께 있을 때에는 저의 모습이 악마가 되는 것 같아요."

어린 왕자는 소년들을 타이른 후 보내주고 깊은 생각에 빠졌습니다.

'엄마랑 함께 있을 때는 천사고, 친구들과 함께 있을 때는 악마라고? 그럼 천사와 악마 중 누가 진짜 소년이지?'

어린 왕자는 다른 사람도 한번 살펴보기로 했습니다. 어린 왕자는 길을 지나다가 보게 된 한 남자를 살펴보기로 했습니다. 이 남자는 상점에서 시비가 붙어서 온갖 욕을 하고, 싸우며 사람들을 때린 남자였습니다. 어린 왕자는 이 남자를 따라가 보기로 했습니다.

어린 왕자가 본 이 남자는 매우 난폭해 보였고, 얼굴은 악마처럼 보였습니다. 이 남자는 자신의 집처럼 보이는 곳에서 아들처럼 보이는 소년을 만났습니다. 이 남자에게 소년은 "아빠"라고 외치며 달려왔습니다.

남자는 밖에서 악마의 모습으로 싸웠다는 것을 상상하기도 어려울 만큼 편안하고 자애롭고 사랑스러운 천사의 얼굴로 소년을 안아주었습니다.

어린 왕자는 남자에게 모습을 드러내고 물었습니다.

"내가 너를 계속 지켜보면서 궁금한 게 있어서 묻는다. 밖에서 싸울 때의 사납고 악마 같은 얼굴의 너와 아들을 안아주는 천사 같은 모습의 너 중에 어떤 게 진짜 너의 모습이냐?"

남자가 말했습니다.
"저도 잘 모르겠습니다. 그냥 생긴 대로 사는 거지요."

어린 왕자는 남자에게 물었습니다.
"그러면, 어떤 네가 더 좋으냐?"

남자가 잠시 생각을 하더니 대답했습니다.
"그야 당연히 천사처럼 행복할 때의 제가 좋죠. 저는 누가 건드리지만 않으면 늘 천사 같습니다, 헤헤."
남자는 멋쩍은 웃음을 웃었습니다.

어린 왕자가 다시 물었습니다.
"너는 천사의 모습도 할 수 있고, 악마의 모습도 할 수 있구나. 그런데 왜 악마의 얼굴을 선택하는 거지?"

남자가 말했습니다.
"왕자님, 제가 말씀드렸잖아요. 사람들이 저를 건드리지만 않으면 저는 천사의 모습이라니까요."

어린 왕자가 말했습니다.
"그러니까, 네 말대로라면 사람들이 네 얼굴을 악마의 얼굴로 선택한 거로구나?"

남자가 다시 대답했습니다.
"그런 셈이죠."

어린 왕자는 흥미로운 얼굴로 다시 물었습니다.
"그런데 너는 다른 사람들 때문에 네가 악마로 변하는 것이 좋으냐? 아니면, 다른 사람들이 뭐라고 해도 천사의 얼굴을 하고 있는 게 좋으냐?"

남자가 말했습니다.
"아, 그야 당연히 천사의 얼굴을 갖는 게 좋죠. 하지만 사람들이 건드리면 어쩔 수 없어요."

어린 왕자가 다시 말했습니다.
"너는 천사의 얼굴이건 악마의 얼굴이건 선택하지 않고 선택당하는구나?"

"네, 그런 거 같네요."
"그런데 그 중에 진짜 너는 누구냐?"

"다시 생각해 보니 제가 좋아하는 내가 진짜 나였으면 좋겠어요. 어떤 게 진짜 저일까요?"

"그래, 나도 그랬으면 좋겠다. 하지만 나도 아직 모르겠어. 그래도 너와의 대화를 통해서 내가 얻은 것은 내가 선택해서 얻을 수 있는 내가 있다면, 그것은 늘 하나라는 거야. 천사인 나."

어린 왕자는 아까 만난 소년을 떠올렸습니다.
'소년은 상황이 소년을 선택한 것도 아니었잖아? 그냥 소년이 선택한 거였어, 천사와 악마를 말이지. 그렇다면, 진짜 소년은 누구일까?'

어린 왕자는 소년을 다시 찾아갔습니다.

잔뜩 움츠린 소년에게 어린 왕자가 물었습니다.
"진짜 너를 선택할 수 있다면, 너는 악마와 천사 중에 누구를 선택할 거니?"

소년이 대답했습니다.
"그야 당연히 천사죠."

어린 왕자가 다시 물었습니다.
"하지만 너는 천사도 악마도 네 스스로 선택했잖아?"

소년은 말했습니다.
"왕자님. 사실 저는 아무것도 선택하지 않았던 것 같아요. 왕자님과 헤어지고 나서 곰곰이 생각해 보았어요. 그랬더니 제가 아무것도 선택하지 않았다는 것을 깨달았어요."

어린 왕자가 다시 물었습니다.
"너는 아무런 자극 없이 엄마와 있을 때는 천사가 되었고,

친구들과 있을 때는 악마의 얼굴이 되었어. 그건 네가 선택한 것이 아니니?"

소년이 대답했습니다.
"아니었어요. 엄마는 저를 늘 사랑해주었기 때문에 엄마 앞에서는 천사가 되었고, 친구들과 함께 있으면 친구들이 늘 저의 악마 같은 모습을 좋아하는 것 같았기 때문에 악마가 되었던 것 같아요."

어린 왕자가 미소를 띠며 말했습니다.
"그렇구나. 네 말을 듣고 보니까 그렇구나. 너도 아무런 선택을 하지 않았던 거구나. 그렇다면, 너에게 물을게. 너는 무엇이 되고 싶니?"

소년은 망설임 없이 말했습니다.
"네. 그야 당연히 천사지요."

어린 왕자가 또 물었습니다.
"그럼 진짜 너는 누구니?"

"그건 잘 모르지만, 왕자님의 그 질문이 제가 늘 천사를 선택하도록 만들 것 같아요."

어린 왕자는 길에서 있었던 이야기를 스승에게 들려주었습니다.

스승이 물었습니다.
"왕자님, 정말 대단한 것을 깨달으셨네요. 근데 왕자님은 진짜 왕자님이 누구라고 생각하십니까?"

어린 왕자는 심각한 표정으로 말했습니다.
"진짜 내가 누구인지 찾기 위해 애쓰는 나, 그게 진짜 저인 것 같아요. 소년의 말처럼 진짜 나인 게 누구인지 찾는다는 것은 선택당하는 것이 아니라 선택하는 것이거든요. 마음을 정했던 것처럼 진짜 나도 선택하는 거였어요."

스승과 어린 왕자는 함께 석양을 바라보았습니다.

Chapter 21.
누구를 위한 사랑인지 깨닫다

어린 왕자는 나라에서 가장 착한 사람들에게 상을 주는 행사에 참여했습니다. 세 사람의 수상자는 모두 훌륭하다고 여겨지는 사람들이었습니다. 왕이 내린 상에 모두들 축하하고 기뻐하는 행사가 이어지고 있었습니다.

어린 왕자는 그 사람들은 왜 그런 일을 하는지 정말 궁금해졌습니다. 그래서 첫 번째 수상자에게 가서 물었습니다.
"너는 노인들을 잘 돌보았다고 상을 받았구나. 그 일은 너에게 어떤 의미가 있느냐?"

수상자가 말했습니다.
"네, 노인들을 돌보는 것이야말로 세상에서 가장 의미 있는 일입니다. 그들은 이 나라를 위해 젊음을 바친 사람들입니다. 그들의 노후를 돌본다는 것은 지금의 젊은 사람들에게 위로와 희망이 될 수 있기 때문입니다."

어린 왕자는 고개를 끄덕이며 말했습니다.
"그렇구나, 정말 그렇구나."

어린 왕자는 두 번째 수상자에게 물었습니다.
"너는 장애인들을 돌보고 상을 받았구나. 그 일은 너에게 어떤 의미가 있느냐?"

수상자가 말했습니다.
"네, 왕자님. 이 나라에서 소외받고 있는 사람들을 위로해준 것에 대해서 상을 받았다고 생각합니다. 사실 소외받는 사람들이 위로받는 사회야말로 건강한 사회라고 생각합니다."

어린 왕자가 말했습니다.
"그렇지. 장애인을 돌보는 일은 정말 중요하고 의미 있는 일인 것 같아."

어린 왕자는 세 번째 수상자에게 물었습니다.
"너는 고아들을 돌보고 상을 받았구나. 그 일은 너에게 어떤 의미가 있느냐?"

수상자가 말했습니다.
"네, 왕자님. 사실 저는 상을 받을 자격이 없습니다."

왕자는 의아한 듯이 물었습니다.
"아니, 왜 상을 받을 자격이 없다는 거지?"

수상자가 말했습니다.
"사실 제가 고아들을 돌보는 게 아니라, 고아들이 저를 돌본다고 하는 것이 맞습니다."

어린 왕자는 질문을 이어갔습니다.
"그게 무슨 말이지? 그렇다면, 네가 고아들에게 일을 시킨다는 말이냐?"

수상자가 말했습니다.
"처음에 저는 제가 고아들을 돌보는 줄 알았습니다. 하지만 어느 순간 제가 고아들을 돌보는 것이 아니라, 고아들이 저를 돌본다는 것을 알게 되었지요. 그러니까 제가 고아들에게 사랑을 베풀 때마다 제가 행복해지는 것을 느꼈거든요."

어린 왕자는 호기심 어린 눈빛으로 물었습니다.
"하늘은 스스로 돕는 자를 돕는다, 라는 말이 떠오른다. 왜

일까?"

세 번째 수상자가 대답했습니다.
"왕자님 그 말씀이 정말 맞는 것 같아요."

"제가 남을 돕는 것 같지만.
남이 저를 돕는 일이 되는 것.
사랑은 정말 이상한 힘을 가졌어요."

어린 왕자는 세 수상자의 얼굴을 쳐다보았습니다.
그들의 얼굴은 모두 다 평화로워 보였습니다.

자신이 하는 일에 자부심이 컸던 첫 번째 수상자, 그 자부심이 약간 교만하게 느껴졌던 두 번째 수상자, 그리고 그 일의 의미와 파장을 잘 알고 있는 세 번째 수상자 모두 평화롭고 행복한 모습이었습니다.

어린 왕자는 스스로 생각했습니다.
'그들이 알건 모르건 간에 그들이 사랑을 베풀면 이미 사랑

이 그들에게 상을 내리고 있는 거였어.'

어린 왕자가 시장에 나왔을 때, 어린 왕자는 장례 행렬을 보았습니다. 장례 행렬 끝에 따라가는 한 여자의 슬픈 모습에 어린 왕자는 무슨 일인지 몹시 궁금해졌습니다. 그래서 주변의 사람들에게 물어보았습니다.

왕자는 사람들의 이야기를 듣고 그 여자의 자식이 병에 걸려 죽었다는 것을 알게 되었습니다. 어린 왕자는 아직 죽음에 대해서 알지는 못했지만, 그 여자의 깊은 슬픔에 빠진 모습을 보고 함께 슬픔을 느꼈습니다.

그러다 문득 어린 왕자는 궁금한 것이 생겼습니다.
도대체 사람들은 언제 가장 슬퍼할까? 하는 것이었습니다.
어린 왕자는 사람들을 찾아다니며 물어보기로 했습니다.

어린 왕자는 왕을 찾아 가서 물었습니다.
"아바마마께서는 살면서 언제가 가장 슬픈 때였나요?"

왕이 대답했습니다.
"음, 나는 전쟁에 졌을 때가 가장 슬펐단다."

"전쟁에 졌을 때 무엇 때문에 슬펐나요?"

"전쟁에 져서 많은 병사들이 죽었고, 내가 사랑하는 사람들도 죽거나 다쳤다. 무엇보다도 이 나라를 잃을지도 모른다는 생각 때문에 슬펐던 것 같구나."

"누군가 죽으면 가장 슬픈 건가?"
어린 왕자는 혼잣말처럼 말하고, 다른 사람들을 만나러 나왔습니다.

어린 왕자는 길에서 청년을 만났습니다. 청년이라면 죽음 말고 다른 슬픔을 이야기할 것이라 생각했습니다. 그래서 청년에게 똑같은 질문을 던졌습니다.

청년은 이렇게 대답했습니다.
"왕자님, 저는 가장 슬펐을 때가 사랑하던 사람과 헤어졌을 때입니다."

어린 왕자는 호기심이 발동해서 물었습니다.
"왜 헤어졌는데? 그녀가 죽었어?"

청년은 말했습니다.
"아니에요. 그냥 헤어졌어요. 하지만 가슴이 찢어지는 것처럼 아팠어요. 지금도 그때 생각만 하면 참을 수 없는 슬픔이 밀려옵니다."

어린 왕자는 청년을 위로해주며 생각했습니다.
'그래, 사랑하는 사람의 죽음이 아닌 슬픔을 찾았군.'

그런데 뭔가 이상하다는 생각을 하게 되었습니다.
그리고 더 많은 사람들을 만나 물어 보았습니다.
"세상에서 가장 슬픈 것이 무엇이냐?"고.

어린 왕자는 세상 사람들 모두가 세상에서 가장 슬픈 것을 한 목소리로 표현하고 있다는 것을 알았습니다. 그것은 '이

별'이었습니다.

그 이별은 누군가 죽어서 헤어진 이별일 때도 있었지만, 그냥 더 이상 만나지 못하게 된 경우도 포함되었습니다.

어린 왕자는 몹시 궁금했습니다. 도대체 왜 사람들은 이별을 가장 슬프다고 이야기하는 것인지 말입니다. 그래서 다시 사람들에게 묻기 시작했습니다.

자신이 물었던 그 사람들을 다시 찾아다니며 물었습니다. '도대체, 왜 그게 그렇게 슬프냐'고 말입니다.

사람들은 처음에는 어린 왕자의 질문에 당황하였습니다. 그리고 여러 이야기를 하였습니다.

"다시 볼 수 없잖아요."

"그리워서요."

"그와 함께했던 시간들이 너무 소중해서요."

"앞으로 다시 그를 만날 수 없다는 것이 너무 슬퍼요."

많은 답들을 들으며, 어린 왕자는 그 답이 하나의 답을 가리키고 있다는 것을 찾아냈습니다. 어린 왕자는 독백처럼 말했습니다.

"세상에서 가장 슬픈 것은
더 이상 사랑할 수 없다는 것이구나."

어린 왕자는 **우리가 이 세상에 온 이유가 사랑하며 행복하게 살기 위해서이며, 화나고, 짜증나는 이유는 사랑받고 싶어서이고, 사랑이 모든 것의 중심이며, 사랑은 지혜의 근원이고, 우리의 삶은 사랑의 증거라는 것과, 사랑은 자신을 기꺼이 희생할 때 꽃핀다는 것, 세상에서 가장 슬픈 것은 사랑할 수 없다는 것이라는 사실을 깨달았습니다.**

그래서 사람이 사랑이라는 것까지……

사랑에 대해 깨닫게 된 어린 왕자는 너무 행복했습니다.

어린 왕자는 거리로 나가서 가장 행복하게 생긴 사람을 찾아 다녔습니다. 몇 날 며칠을 찾아 헤매다가 만난 사람은 거리를 청소하고 있는 청소부였습니다.

힘든 청소를 하고 있는 청소부라고는 생각되지 않을 만큼 온화하고 행복한 모습의 청소부에게 어린 왕자는 말을 걸었습니다.
"너는 힘든 일을 하면서도 어찌 그리 행복해 보이느냐?"

청소부가 말했습니다.
"왕자님. 저는 세상에서 이 일처럼 가치 있고 행복한 일은 없다고 생각합니다."

어린 왕자가 말했습니다.
"가치 있는 일인 건 사실이지만, 제일이라고 하기는 좀 그런 것 같은데?"

청소부가 말했습니다.
"왕자님. 사실 저는 거리를 청소하는 것 같지만, 거리를 청소하는 게 아니에요."

어린 왕자는 잔뜩 호기심 어린 눈으로 물었습니다.
"그럼 뭔데?"

"저는 사실 제 마음을 청소하고 있어요. 그러니까 늘 행복할 수밖에요."

어린 왕자는 다시 물었습니다.
"그게 무슨 말이지?"

"거리를 청소하면서 저는 제 마음을 청소하는 것이라고 생각하면서 합니다. 그렇게 하다 보면 이 일이 얼마나 행복한지 모릅니다. 그리고 제가 청소한 길을 걷는 사람들을 보면, 그들이 제 마음속에 들어오는 것 같아요."

어린 왕자는 한참 생각한 끝에 이야기했습니다.

"내가 들어본 어떤 일보다 아름다운 일을 하는 직업 같아. 나도 한번 해보면 안 될까?"

청소부는 빗자루를 왕자에게 내밀었습니다.

어린 왕자는 빗자루를 들고 비질을 해보았습니다. 난생 처음 하는 비질에 어린 왕자는 미소를 지었습니다.

어린 왕자는 왕자 옷을 벗어 버리고
비질을 계속했습니다.

Chapter 22.
사랑의 능력을 보다

어린 왕자는 이제 더 이상 왕자가 아니었습니다.
하지만 왕자였을 때보다 청소부가 된 지금이 더 행복하다는 사실이 놀라웠습니다.

어린 왕자가 청소부의 눈으로 보는 세상은 너무나 달랐습니다. 예전에 보던 거리는 그냥 거리에 불과했지만, 청소부가 된 어린 왕자에게 보이는 거리는 자신의 마음과도 같았습니다.

어린 왕자는 사랑하는 마음을 가지면 원래 있던 것들이 다르게 보인다는 사실을 깨닫게 되었습니다. 그래서 다른 사람들도 그런지 궁금해졌습니다.

청소를 하다가 만난 다정한 연인에게 다가간 어린 왕자는 길가에 피어 있는 꽃이 어떻게 보이는지 물었습니다.

여자가 대답했습니다.
"너무 사랑스러워요. 저를 보고 이야기하는 것 같아요."

어린 왕자는 공손히 물었습니다.
"뭐라고 이야기하나요?"

여자가 대답했습니다.
"좋은 사랑 하라고, 아름다운 사랑 하라고, 그래서 나처럼 아름다운 꽃 피우라고요."

어린 왕자는 기쁜 마음으로 그들의 행복을 빌어주었습니다.

어린 왕자는 지나가는 무표정한 사람에게 물었습니다.
"여기 길가에 피어 있는 꽃이 어떻게 보이나요?"

남자는 대답했습니다.
"꽃이네요."

무뚝뚝한 남자의 대답에 의기소침해진 어린 왕자가 다시 물었습니다.
"혹시 꽃이 뭐라고 말하지는 않나요?"

남자는 이상한 눈으로 어린 왕자를 쳐다보고는 가버렸습니다.

어린 왕자는 이번에는 화가 난 남자를 만났습니다. 무슨 이유인지 모르지만 화가 난 남자에게 어린 왕자는 똑같은 질문을 했습니다.

남자는 투덜거리며 말했습니다.
"빌어먹을 꽃이 나를 보고 비웃는군. 이제 꽃마저 나를 보고 비웃어."

어린 왕자는 사랑이 모든 것을 변하게 할 수 있다는 것을 알게 되었습니다.

'꽃은 그대로인데, 사람들의 마음에 따라 다 달리 보이는구나. 그럼, 사람들의 사랑이 변화를 줄 수도 있을까?'

어린 왕자는 꽃이 그냥 그대로 있는 것이 아니라, 사랑을 받으면 사람의 마음속에서만 변하는 것이 아니라, 실제로도 변할 거라는 생각이 들었습니다.

어린 왕자는 길가에 피는 꽃에게 청소를 할 때마다 "사랑해"라고 말을 걸었습니다.

며칠이 지났습니다.

어린 왕자가 사랑해라고 말해준 꽃이 다른 꽃들에 비해 훨씬 더 싱싱하고 탐스럽게 피어나고 있었습니다. **어린 왕자는 사랑의 힘이 믿지 못할 만큼의 능력을 가지고 있다고 믿게 되었습니다.**

Chapter 23.
삶의 비밀을 깨닫다

청소부가 된 어린 왕자가 스승님께 말했습니다.
"스승님. 등 좀 긁어주세요."

스승님은 어린 왕자의 등을 정성껏 긁어주었습니다.

어린 왕자는 스승님께 물었습니다.
"스승님. 그런데 왜 등을 긁을 때 자신이 긁는 것보다 다른 사람이 긁어주면 더 시원한가요?"

스승님은 어리둥절한 표정으로 말했습니다.
"글쎄요. 왕자님 말씀을 듣고 보니까 정말 궁금하군요. 왜 그럴까요?"

청소부가 된 어린 왕자가 말했습니다.
"스승님. 우리는 존재하는 것이 아니라 존재되는 것 같아요."

"그게 무슨 말씀이신가요?"

청소부 차림의 어린 왕자는 훨씬 더 성숙한 모습의 미소로

답했습니다.

"세상의 어느 것 하나 우리의 인식을 통해서 생겨나지 않는 것이 없어요. 예를 들어 이곳에 있는 의자나 탁자나 집이나 도시, 그리고 심지어 사람들까지 말이에요. 세상의 모든 것들은 우리의 인식을 통해서 생겨난 것들이에요. 모두 다 창조물들이죠."

"참 새로운 관점이군요. 좀 더 이야기해주세요."

어린 왕자는 말을 이어갔습니다.

"세상에 존재하는 어떤 것도 우리가 필요로 하거나 생각하거나 인식하지 않으면 생겨나지 않았을 것들이에요. 이것은 시간과 결부될 때도 있어요. 매우 천천히 일어나기 때문에 우리가 의식하지 못할 때도 있지만, 모두 우리의 생각과 인식 때문에 존재하는 거예요. 그리고 더 재미있는 것은 우리가 계속해서 인식해주지 않으면, 사라져 버리거나 존재해도 가치가 없어지죠. 그리고 시간이 지남에 따라 세상에서 사라지게 되죠. 스승님 집에도 스승님이 예전에 사랑했던 물건 중에 지금은 없어지거나, 어디에 있는지도 모르는 것들이 있을 거예요."

"그렇다고 그것들이 사라지는 것은 아니잖아요?"

"맞아요. 그래서 제가 말씀드린 거예요. 시간과 결부될 때가 있다고요. 청소를 하다 보면 더 잘 알게 돼요. 관심을 두지 않고 그냥 내버려둔 곳은 이내 쓰레기장처럼 변해 있고, 모든 것이 썩어서 사라져 버려요. 시간이 지나면서 곧 없어져 버리죠."

"말씀을 듣고 보니 그러네요. 저도 누군가에게 선물받은 옷이 있는데, 어떤 옷은 지금 어디 있는지 알 수 없는 것들도 있고, 어떤 옷들은 보관을 잘 못해서 삭아버린 것들도 있어요. 그러고 보니 정말 우리의 생각이나 사랑이 사물에게도 영향을 미치는 것 같네요."

"맞아요, 스승님. 고양이나 개를 봐도 알 수 있어요. 사랑을 받은 고양이나 개는 그렇지 않은 것들과 다르죠. 사랑받지 못하는 존재들은 이내 사라지죠."

스승님은 물음을 이어갔습니다.
"그런데, 왕자님. 그런 것이 사람에게도 해당이 되나요?"

"그럼요. 스승님, 우리가 사람의 마음을 거울과 같다고 이야기할 때 공감했던 것처럼, 나라는 존재 역시 누군가가 봐주기 때문에 존재하는 것 같아요. 아무도 저를 인식하지 않는다면, 저는 있어도 있으나마나 한 존재가 될 것이고 곧 사라지게 되겠지요. 얼마 전 군에 있던 병사 하나가 사고를 냈어요. 그는 다른 병사들로부터 따돌림을 당했고, 결국에는 다른 병사들을 죽이고 스스로 목숨을 끊었어요."

스승님은 깜짝 놀라며 말했습니다.
"그런 불행한 일이 있었군요. 그런데 왕자님. 왕자님 말씀이 맞는다면 그렇게 업신여겨지면 스스로의 존재가 사라져야 할 텐데, 주변 사람들까지 사라지게 하는군요?"

청소부가 된 어린 왕자는 미소를 띠며 말을 이어갔습니다.
"바로 그거에요. 업신여김을 당하면 그의 마음은 황폐해지고, 지혜도 사라지고, 죽음에 가까워지게 되죠. 존재하기 힘든 존재가 되어가는 것을 알게 되죠. 그러는 동안 그는 악마로 변해가는 겁니다. 그의 거울에는 주변 사람들의 업신여김으로 생긴 수많은 악마들이 새겨지게 되고, 곧 악마가 되는 것 같아요. 그러니까 주변에서 그를 악마로 만들고, 그 악마가 그를 악마로 만드는 자들조차 존재하지 못하게 만드는 거죠."

고개를 끄덕이던 스승님은 또 물었습니다.
"그러면 왕자님. 잘되는 사람들은 어떤 사람들입니까?"

청소부 차림의 어린 왕자는 의젓한 표정으로 말했습니다.
"스승님. 그건 스승님의 비밀이기도 하지요. 존귀한 존재가 된다는 것은 스스로 존귀한 존재가 된다는 것과 고귀한 존재를 만들어 간다는 거죠. 스스로 존귀한 존재가 된다는 것은 자신을 스스로 정하고, 주변의 거울들에게 그것을 비춰주는 거죠. 그러면 모든 거울들이 그 존재를 비추게 되고, 그는 스승님처럼 존귀한 존재가 되어가는 겁니다. 이것은 아무나 할 수 없는 경지에 이르는 일이 아니고, 세상을 살아가는 모든 사람들이 행복하게 살기 위한 비밀이기도 합니다.

자기 스스로 '사랑'의 존재라는 것을 깨닫고, '사랑을 주는 행위'를 통해 세상 사람들의 '사랑'을 받아갈 때 가장 가치 있는 존재가 되는 것이지요."

그날 밤은 더 깊은 대화가 우주를 향해 퍼져나갔습니다.

Epilogue
에필로그

천문학자들은 암흑 물질을 믿어요.

처음에는 허무맹랑해서 아무도 받아들이지 않았지만, 그들은 은하의 별들이 뿔뿔이 흩어지지 않고 모여 있는 이유는 보이지 않는 어떤 거대한 힘이 잡아당기고 있었기 때문이라고 생각했죠. 그리고 조금씩 그 가설을 받아들이는 사람들이 많아졌을 때 과학자들은 놀라운 사실을 알아냈습니다. 그것은 은하의 질량 중 보이는 것의 질량은 고작 4퍼센트정도밖에 되지 않고, 나머지 96퍼센트는 보이지 않는 것들이라는 사실이었죠. 그것은 비단 우주에만 해당되는 이야기는 아닙니다. 사실 세상의 거의 모든 것들이 움직이는 원리는 보이지 않는 것에 달려 있답니다.

예를 들어 볼까요. 당신을 파괴시키는 것은 무엇인가요? 라는 질문에 많은 사람들은 이렇게 답합니다. 화, 짜증, 편견,

선입견, 질투심…… 거의 대부분이 보이지 않는 것들입니다. 다시 물어 봅시다. 그런 것들이 작동하기 시작하면 어떻게 되나요? 사람들은 대답합니다. 몸이 아프거나 불행해지죠. 참 이상한 일이 일어났습니다. 보이지 않던 것들의 작용에 의해 보이는 것이 영향을 받았어요. 화를 내니까 몸이 아파졌어요. 그럼 어떻게 하죠? 라는 질문에 사람들은 대답합니다. 약을 먹어야죠. 여기서도 이상한 일이 일어났습니다. 보이지 않는 것 때문에 생긴 문제를 보이는 것을 통해서 해결하려고 하네요.

좀더 긍정적인 방향에서 한번 질문해볼까요?
당신을 행복하게 하는 것은 무엇입니까? 사람들은 사랑, 용서, 배려, 경청…… 하고 대답합니다. 당신을 행복하게 만드는 것들도 모두 보이지 않는 것들이군요? 그런 것들이 작동

하면 어떤 결과들이 생기나요? 사랑하는 사람을 위해 선물을 삽니다. 행복해집니다. 건강해집니다. 역시 보이지 않는 것들에 의해 모든 보이는 것들이 생겼네요.
그러면 그 다음은 어떻게 되나요? 다시 그것들을 지키기 위해서 질투하고, 화를 내고, 그래서 병도 생기죠. 보이지 않는 것들 때문에 생긴 행복한 결과들이 보이지 않는 또다른 것들로 인해 다시 훼손되고 말았네요.

우리는 물질 만능인 세상에 살고 있습니다. 그래서 모든 것이 물질에 의해서 계량화되거나 측정됩니다. 그리고 우리는 그것이 전부라고 생각하고 믿고 있습니다. 하지만 보이는 것은 전체의 4퍼센트를 넘지 않습니다. 나머지 96퍼센트는 보이지 않는 것들입니다. 겨우 4퍼센트인 보이는 것들조차도 보이지 않는 것들에 의해서 만들어진 것입니다. 이 보이지 않는 수많은 것들은 어떤 거대한 원칙에 의해서 움직입니다. 그리고 우리에게 분명하고 확실한 미션을 이야기하고 있습니다.

여러분은 그 거대한 원칙을 방금까지 보셨습니다. 그게 무엇인지 아직 모르신다고요? 방법이 있습니다. 이 책을 처음부터 다시 한 번 천천히 읽으세요. 그 원칙을 발견할 때까지 말입니다.
저는 다음 편에서 여러분과 함께 미션에 대한 이야기를 해볼까 합니다. 우리 삶의 분명한 미션! 저와 함께 그동안 보지 못했던 세계로 여행을 떠납시다.

청소부가 된 어린 왕자
Season 1 별의 비밀

초판 1쇄 발행 2014년 8월 18일
개정판 1쇄 발행 2017년 8월 25일
개정판 2쇄 발행 2019년 10월 25일
개정판 96쇄 발행 2021년 6월 3일
개정판 97쇄 발행 2023년 9월 22일

지은이 박이철
발행인 박이철

스태프
편집 장기영
그림 박동식
디자인 제이알컴
관리 및 경영지원 김종훈

출판 브랜드 **길퍼블리싱컴퍼니**

발행처 주식회사 길 출판사업부
주소 04549 서울시 중구 을지로 148. 10층 1006 (을지로 3가, 중앙데코플라자)
주문 및 문의 전화 (02)2266-2737 | 팩스 (02) 6670-9557
독자 의견 및 투고 원고 이메일 park_yi_cheol@hanmail.net
블로그 http://blog.naver.com/gilpcompany
포스트 http://post.naver.com/gilpcompany
출판등록 제2017-000057호(등록연월일 2014년 8월 26일)

ISBN 979-11-953525-4-8 03810

책값은 뒤표지에 있습니다. 파본은 바꾸어 드립니다.